社会主义核心价值观青少年故事读本

QINGSHAONIAN GUSHI DUBEN

王九菊 主编
乔忠延 著

山西出版传媒集团
山西人民出版社

图书在版编目（CIP）数据

社会主义核心价值观青少年故事读本／乔忠延著；王九菊主编. —太原：山西人民出版社，2015.7（2018.2重印）
ISBN 978-7-203-09114-1

Ⅰ. ①社… Ⅱ. ①乔…②王… Ⅲ. ①社会主义建设—价值论—中国—青少年读物 Ⅳ. ①D616-49

中国版本图书馆CIP数据核字（2015）第133693号

社会主义核心价值观青少年故事读本

著　　者：	乔忠延
主　　编：	王九菊
责任编辑：	魏　红
装帧设计：	陈　婷
出 版 者：	山西出版传媒集团·山西人民出版社
地　　址：	太原市建设南路21号
邮　　编：	030012
发行营销：	0351-4922220　4955996　4956039　4922127（传真）
天猫官网：	http：//sxrmcbs.tmall.com　电话：0351-4922159
E - mail：	sxskcb@163.com　发行部
	sxskcb@126.com　总编室
网　　址：	www.sxskcb.com
经 销 者：	山西出版传媒集团·山西人民出版社
承 印 厂：	山西出版传媒集团·山西人民印刷有限责任公司
开　　本：	720mm×1010mm　1/16
印　　张：	9.25
字　　数：	110千字
印　　数：	18001—22000册
版　　次：	2015年7月　第1版
印　　次：	2018年2月　第5次印刷
书　　号：	ISBN 978-7-203-09114-1
定　　价：	20.00元

如有印装质量问题请与本社联系调换

编 委 会

顾　问：王三星

主　编：王九菊

副主编：王月喜　贾全印　洪福生

编　委：张　明　张兰芳　赵东权　霍巍林

　　　　柴爱兰　马戴魁　王　欣　刘　琳

　　　　郭保宝　刘瑞林　贺　宁　侯　琳

序

王九菊

党的十八大以来，全国人民紧密地团结在以习近平总书记为核心的党中央周围，进行全面建成小康社会的伟大实践。实现这个宏伟目标，既需要经济持续发展，也需要道德支持。为此，党中央适时作出了加强社会主义核心价值观建设的部署，这是全国人民政治生活中的一件大事，更是加强青少年道德教育的一件大事。关心下一代工作委员会责无旁贷地要担当教育青少年树立社会主义核心价值观的重任。

社会主义核心价值观分三个层面、24个字，简明扼要，易懂易记，然而要真正领会其实质并付诸行动，却需要大力宣传教育。第一个层面是"富强、民主、文明、和谐"，这是我国社会主义现代化国家的建设目标，也是从价值目标层面对社会主义核心价值观基本理念的总结，在社会主义核心价值观中居于最高层次，对其他层次的价值理念具有统领作用。第二个层面是"自由、平等、公正、法治"，这是对美好社会的生动表述，也是从社会层面对社会主义核心价值观基本理念的阐述。第三个层面是"爱国、敬业、诚信、友善"，这是公民基本道德规范，是从个人行为层面对基本理念的概括。由此可知，国家、社会、公民是社会主义核心价值观的践行主体。然而，国家、社会是由具体的个体组成的，因此，推进每个公民对社会主义核心价值观的理性认知、情感认同，是打牢中国特色社会主义精神基础的重中之重的实践。青少年正处在人生观形成的关键时期，树立正确的价值观、人生观、世界观，对于他们终生发展有着重要意义，对于民族振兴、国家富强同样有着重要意义。我作为尧都区关工委主任深感责任重大。为做好这项工作，我翻阅了相关的宣传教育资料。阅读过程中产生了一个念头，能不能为青少年提供最适合他们阅读的精神食粮？

所以会产生这样的想法，是缘于青少年自身的特点，相对于逻辑说教，他们更喜爱听故事。如果能寓教于乐，能以讲故事的形式，将社会主义核心价值观化入其中，那肯定效果要好得多。和关工委的其他同志一交换意见，大家都觉得这是好办法。于是，编撰这本书的思路基本形成了。

如何编撰本书，我考虑有两种办法，一是组成一个小班子，分工来写，最后合成，这样写来得快，缺陷是笔调难统一；二是由一个人来写，这虽然要慢些，但是便于行文语气贯通，读来会比较顺畅。我们选择了后者，原因是我们有这样的优势。我委副主任乔忠延曾在宣传部主管过精神文明工作，对于道德教育甚为熟悉，而且喜爱写作，业余创作40年，出版了近50本图书。其作品先后获得赵树理文学奖、冰心图书奖等多种奖项，他也当选为山西省散文学会副会长。由他亲笔撰写，既便于阐述社会主义核心价值观，又能写得生动感人。基于这种认识，我们就启动了该书的编撰工作。

如今，《社会主义核心价值观青少年故事读本》将要出版面世，我以为原先的初衷基本做到了。该书紧扣三个层面，分为12个部分讲述。所

序

谓讲述不是讲道理,而是讲故事,也就是将深刻的道理融化在有趣的故事里。既便于讲述,也便于阅读。讲能讲得生动有趣,读能读得津津有味。还有一个特点是,故事里容纳了不少的当地历史文化传统。比如爱国这一部分,不仅写了历史文化名人的爱国大举,而且挖掘地域历史,叙述了国家雏形在尧都诞生的辉煌往事,让青少年从爱家乡升华到爱国家的高度。这样抽象变为形象,笼统变得具体。类似的故事,在法治、民主、文明、和谐等部分都有体现。尤其难能可贵的是,将当今时代的英模行为也写了进去。比如前不久山西省翼城县交警贺冰舍身救学生的事迹和汾西县学生朱梅瑞自强自立的事迹也被如实记录下来。这就更加亲切感人,更便于青少年学习效仿。

我想,广大教育工作者会喜欢这本书,青少年朋友也会喜欢这本书。当然,由于编撰速度较快,我们的水平有限,难免还有不足之处,诚望读者看后提出宝贵意见,以便再版时修订提高。就要付梓了,借此我对多年来关心关工委工作的单位和个人表示钦佩和感谢,特别是要感谢尧都农商行对各项工作的大力支持!同时,也希望能有更多的有识之士加入到关心青少年成长的行列里来,为祖国的未来更美好多做贡献。

作者为临汾市尧都区关心下一代工作委员会主任

2015年2月16日

目 录

价值目标编

富强篇 / 2

钦定历法催生国家 / 2

孙中山的艰苦童年 / 5

从小立志建大桥 / 6

童年当自强 / 7

邓稼先研制两弹 / 8

成功的法宝 / 9

"杂交水稻之父" / 10

自强自立的小女孩 / 11

民主篇 / 13

帝尧设立诽谤木 / 13

广纳众言治天下 / 15

唐太宗虚心纳谏 / 17

魏太武帝的国宝 / 18

民主才是新出路 / 20

小事上维系着民主 / 21

文明篇 / 23

二十四孝第一孝 / 23

孔子为啥不游晋 / 25

程门立雪 / 26

三顾茅庐 / 26

贾存仁修撰《弟子规》 / 28

礼貌解仇 / 30

一个电话 / 31

跪着做事的礼仪 / 32

得理也让人 / 32

礼貌的误区 / 33

和谐篇 / 35

小康人家最幸福 / 35

宽容成睦邻 / 37

仁义巷的故事 / 38

助人就是天堂 / 39

低价卖出去的房屋 / 40

冷落者的惊喜 / 41

价值取向编

自由篇 / 44

隔墙听课的自由 / 44

警枕自律促读书 / 45

西行取经求佛律 / 46

监狱里的自由 / 48

借用别人的自由 / 49

自由不是自作聪明 / 50

平等篇 / 52

晏子的故事 / 52

蔺相如为国求平等 / 54

搬来搬去的砖块 / 55

砌墙的人们 / 56

不可丢弃的名片 / 57

戴帽子的班集体 / 59

公正篇 / 61

公正的呼声 / 61

公正的帝尧 / 62

大公无私的祁黄羊 / 63

族亲同样要守法 / 64

"四知"太守杨震 / 65

诸葛亮自贬 / 66

陈寿如实写历史 / 67

李世民罪己 / 68

公生明，廉生威 / 69

开除没商量 / 70

法治篇 / 72

皋陶画地为牢 / 72

古老的象刑 / 73

晋国公开法律 / 74

贾充制定晋律 / 75

执法守法皆楷模 / 76

隋文帝严惩皇子 / 78

人民的好卫士 / 78

普普通通的守法人 / 80

可敬的普通会计 / 82

价值准则编

爱国篇 / **84**

话说祖国 / 84

弦高救国 / 86

戚继光抗击倭寇 / 87

郑成功收复台湾 / 89

虎门销烟 / 90

镇南抗敌 / 91

科学强国的先行者 / 93

梅兰芳留须罢演 / 94

少年忧国 / 95

李四光为国找油 / 96

敬业篇 / **98**

神农氏尝百草 / 98

大禹治水传佳话 / 99

能工巧匠鲁班 / 100

祖冲之创制新历法 / 101

读书实践写医著 / 102

献身建筑史 / 103

齐白石作画 / 104

走出懒惰的误区 / 105

脱鞋与成功 / 107

从接线员做起 / 108

敬业为民的榜样 / 109

警察贺冰舍己救人 / 110

诚信篇 / **113**

桐叶封弟 / 113

魏文侯打猎 / 115

明山宾卖牛指病 / 115

甄彬得金不贪 / 116

真诚的晏殊 / 117

摘枣留钱传美誉 / 118

十字路口的选择 / 119

突如其来的幸运 / 120

张腾宇替父还贷款 / 121

友善篇 / **123**

永远的朋友 / 123

将相和的故事 / 124

油灯下的关爱 / 125

鲁肃慷慨助周瑜 / 126

魏万千里追李白 / 127

走出严寒的热能 / 128

春天般的温暖 / 129

丰收的玉米 / 131

一则爱心寓言 / 132

价值目标编

"富强、民主、文明、和谐",是我国社会主义现代化国家的建设目标,也是从价值目标层面对社会主义核心价值观基本理念的总结和阐述,在社会主义核心价值观中居于最高层次,对其他层次的价值理念具有统领作用。

富强即国富民强,是社会主义现代化国家经济建设的应然状态,是中华民族梦寐以求的美好夙愿,也是国家繁荣昌盛、人民幸福安康的物质基础。民主是人类社会的美好诉求。我们追求的民主是人民民主,其实质和核心是人民当家做主。它是社会主义的生命,也是创造人民美好幸福生活的政治保障。文明是社会进步的重要标志,也是社会主义现代化国家的重要特征。它是社会主义现代化国家文化建设的应有状态,是对面向现代化、面向世界、面向未来的,民族的科学的大众的社会主义文化的概括,是实现中华民族伟大复兴的重要支撑。和谐是中国传统文化的基本理念,集中体现了学有所教、劳有所得、病有所医、老有所养、住有所居的生活理想。它是社会主义现代化国家在社会建设领域的价值诉求,是经济社会和谐稳定、持续健康发展的重要保证。

实现上述目标,要靠国家的长远大计,更需要每个人的奋发努力,尤其是青少年朋友的奋发努力。因为你们是祖国的未来,是民族的希望。

富强篇

一个国家富强起来，在世界上才有地位。

只有国家富强了，人民的幸福生活才能有保障。

富强是国家的希望！

富强是民族的希望！

富强是每一个中华儿女的希望！

如何才能使国家富强起来，我们走进前人的故事里去领略一番。

钦定历法催生国家

说来有趣，回望历史，富强和国家的诞生联系在一起。

国家诞生于帝尧那个时候，为什么会在那时诞生？让我们回望历史，去故事里找寻答案吧！

帝尧的名字叫放勋，伊是他的姓氏。尧是他的庙号。他去世后人们感念他的功德建造了一座庙，尊他为尧。尧在古代写作"垚"，是高大雄伟的意思，也就是说他是个伟大的首领。再往后有了三皇五帝的说法，尧被列入五帝中的一位，才有了帝尧之称。

那时候，帝尧和他们部族的先民居住在平阳，也就是现在的临汾。

他一心想让大伙都过上无忧无虑的好日子,可这好日子还真是不容易。首先,让大众吃饱肚子就是个难事。虽然,神农帝尝百草开始了农业耕种,但是,啥时候下种还很难把握。不是种早了,就是种迟了。早了,刚出土的嫩芽可能遭霜冻,一冻必死无疑;迟了,籽粒还没成熟,又下霜了,又遭冻了。冻死了,没有收成。冻坏了,收成很少,人们缺少谷粟吃,就会饿肚子。帝尧打定主意要改变这种状况,要让大家吃饱肚子。

于是,帝尧选择能人组成了一个研究天象历法的班子。从《尚书·尧典》看,这个班子的成员有羲叔、羲仲、和叔、和仲。帝尧命令羲叔住在东方的阳谷,观察日出;命令羲仲在西方的昧谷,观察日落;命令和仲住在南方的交趾,测定太阳往南运行的情况;命令和叔住在北方的幽都,观察太阳往北运行的情况。然后,根据观察到的情况进行研究,最后帝尧和各位商量后确定春夏秋冬为四个季节,四季轮回一次就是一岁。

我国最早的历法就这样诞生了,《尚书》上叫做钦定历法。过去说帝尧时期就有了历法,不少人有怀疑,因为没有证据。近年,考古工作者在襄汾县陶寺遗址发现了古观象台,就是观察日出确定节气的。而且还就是帝尧那个时期的,这一来大家都信以为真了。

有了历法,如何传播开去呢?古人说,帝尧时期种蓂荚草,生于台阶边,每月初一开始,每天长1个荚,半个月时长够15个荚;16日以后,每天落一荚,月末落尽。要是小期,则不落。这也叫蓂荚历,也叫日历荚。大家就根据这蓂荚叶的变化来掌握时间。这明显带有传说性质,但古人对此却深信不疑。早先尧庙大殿前建有几个纪念亭,其中一个就是蓂荚亭。近年,史学家就此事作了探究,认为这可能是最早的仿生学,用植物的叶片长落变化,来显示日月交替。在没有数字标示的年代,这样就准确直观地告诉了人们今天是几月几日。这或许就是那会儿敬授民时的最佳办法。这办法有点时下气象预报的味道，只是那时只能报告日子，不能报告阴晴变化。

确定了历法，又敬授民时，大家掌握了农时节令，就能够把握播种的正确时日。这一来，很快改变了过去广种薄收、有种无收的落后状况。人们收获的谷粟多了，就能吃饱肚子了。最早使用历法的平阳年年丰收，衣食富裕，很快强盛起来，成为周边各部落羡慕的富庶地方。谁不希望过富裕日子呢？东西南北的部落首领纷纷来平阳朝拜效仿，帝尧不仅让农官后稷教给他们种田，还赐予他们最好的种子。平阳的丰收景象迅速普及开去，像葵花朝阳一般，平阳成为天下子民向往的乐土。

帝尧掌管的地盘更大了，在平阳周边出现了一个个地方性的国家。几千年后，历史学家遥想当年的状况称之万国林立，平阳恰好处在万国林立的国中之国，因此简称"中国"。这就是"中国"最早的来历。虽这时的"中国"还不是现在我们国家的名称，却为后来叫"中国"提供了最好的借鉴。

由此看来，富强是形成国家的关键因素。不过仔细一想，要想富强就必须认识自然，揭示自然的秘密，现在说应该是发明创新。创新才是富强的根本动力。

孙中山的艰苦童年

孙中山是伟大的革命先驱。他领导了辛亥革命，推翻了帝制，建立了中华民国，并被推举为第一任临时大总统。后来，从大局出发，他让位于袁世凯。没想到袁世凯当上大总统，即背叛革命，复辟帝制，眼看辛亥革命的成果就要断送掉，他又策划了北伐战争。他的一生是在艰难困苦中辛勤奔波的一生。这种原动力就来自他童年的艰苦磨炼。

孙中山出生在广东省香山县（现已更名为中山市）翠亨村，从小就是个村里娃。他这个村里娃家里很穷，穷人的孩子早当家。村里人说，娃娃不吃十年闲饭，童年时他就开始干活了。他经常去水塘边捞猪草，姐姐上山打柴，他也跟着去，帮着砍柴、捡柴，回村时再背上一小捆。年龄稍大些，他除了打柴、捞草，还下田插秧、挑水、打谷，成了家中的半个劳力。外祖父是个渔民，农闲时孙中山就跟着他出海捕鱼。船行海上，时常会遇到大风大浪，颠簸得小船几乎要翻倒了。这时候，孙中山便真正感受到了"君看一叶舟，出没风波里"的滋味。

10岁时，孙中山才进了本村私塾读书。读书也没有脱离农活，他一放学就赶紧回家，帮父母干活。他从小热爱劳动，既减轻了家庭负担，也培养了良好的生活习惯。他喜欢在紧张忙碌的环境中工作学习，若是闲下来，反而不适应了。辛勤劳动锻炼出孙中山奋发自强的品格，成为他一辈子受用不完的财富。

从小立志建大桥

发展建设是富强的一个重要标志。加快发展建设速度，却需要科学技术。这里我给大伙儿介绍一位为中国的桥梁建设奉献毕生精力的科学家。

茅以升是我国有名的桥梁专家，早年他设计建造了杭州钱塘江大桥，后来又领导建造了武汉长江大桥。他的生命和桥梁融为一体，为人们称道。可是有谁知道，这位桥梁专家在少年时代就立下了建桥的志向。

茅以升的家乡在南京。每年的端午节，秦淮河上都要赛龙舟，纪念爱国诗人屈原。赛龙舟的人多，观看的人更多，河畔热闹非凡，连桥上也站满了人。

这年，龙舟比赛正热火朝天地进行中，忽然，人群中爆发出躁动，哭声悲痛欲绝，顿时，河边挤挤攘攘，混乱成一团。这是怎么回事呢？

11岁的茅以升正要发问，就听人们吵嚷："文德桥塌了。"

桥塌了，桥上的人当然掉进河里去了，不少人摔伤，疼痛难忍，哭叫不停。

桥怎么会塌呢？茅以升不解地问大人。

大人们说，桥不结实。

看看倒塌的桥，看看因摔伤而痛苦不堪的人，茅以升突然萌生了一个念头，长大了我要建造坚固结实的大桥。

从此，茅以升立定志向，发奋学习，终于走上了为人民建桥的道路，成为建桥专家，为祖国的建桥事业贡献了毕生精力。

他成就了桥梁，桥梁也成就了他。

童年当自强

陶行知是我国伟大的教育家。他为教育事业倾注了全部心血，人们喜欢用春蚕来形容他的一生。

这位春蚕般的教育家，是从自强不息的童年起步的。

小时候，陶行知就很聪明，但家境贫寒上不起学。6岁那年，邻村一位私塾先生偶然见到他，发现他天资很好，就免费让他读书。上了没几年学，父亲失去了挣钱的差事，一家5口人吃饭成了问题。陶行知见家里这么困难，就辍学和父亲一起劳动养家。他锄田、打柴、放牛，什么农活也干，小小年纪的他常累得汗水直流，可从来没有一句怨言。

后来，父亲千方百计给他找了个读书的机会，可还是因为家庭困难，无法交学费，要一边上学，一边做工。学校在县城，陶行知每天赶天亮要挑一担柴进城，卖完了才能去程先生家读书。放学后他不能直接回家，要先上山砍好柴挑回去，以便第二天一早上路。不论是炎热的夏天，还是寒冷的冬天，陶行知没有少卖过一担柴，也没有少听过一节课。那时，他还是个十一二岁的孩子呀！

辛勤劳动让陶行知获得了读书的机会。

辛勤劳动让陶行知获得了自强不息的顽强毅力。

自强不息改变了陶行知的命运。

邓稼先研制两弹

当今的世界和古代大为不同了。唐朝那个时候,中华民族曾率先发展,领先于世界,也可以说是当时最富强的国家。富强起来的中国不仅没有恃强凌弱,还帮助邻邦。现在某些富强的发达国家,为了他们的核心利益经常在世界上指手画脚,甚至以制裁为名,给别国发展设置障碍。因而一个国家在世界上要有地位,不仅要发展经济,还必须有强大的国防力量。20世纪五六十年代,原子弹、氢弹的有无就成为衡量一个国家国防力量的重要标志。为此,我们国家的先辈科学家默默无闻,埋头试验,终于研制成功。这里我就讲一个献身两弹研发的功臣。

这位功臣叫邓稼先。1950年,在美国留学的邓稼先以满分成绩通过答辩,成为博士生。此时,他年仅26岁,美国人极想将这位"娃娃博士"留下来进行科学研究。然而,他谢绝了,9天后毅然决定回国。

同年10月,邓稼先已经成为中国科学院近代物理研究所的研究员,为祖国科学事业的发展开始呕心沥血了。

1958年秋天,时任二机部副部长的钱三强找到邓稼先,告诉他国家要放一个"大炮仗",他愿不愿意参加?这是一项尖端科学,又是一项保密工作,邓稼先当然知道这是十分艰苦的研究项目。但是,他立刻表示愿意参与。

研制工作刚刚启动,苏联政府中止了协议,此事遇到难题。但是,中央下定决心,自力更生,进行研制,邓稼先便挑起了科技攻关的重担。他不仅在科研室里费心操劳,还经常去试验现场亲自指导。戈壁滩上,气候恶劣,时常飞沙走石,在这样的环境里坚持工作,他毫无怨言。1964年10月,我国成功爆炸了第一颗原子弹,这项方案就是他最后审定的。

之后,邓稼先又和科研人员投入了氢弹研制工作。从原子弹到氢弹,法国用了8年,美国用了7年,苏联用了4年,而我国只用了两年零八个月。这样短的时间内研制成功,邓稼先和他的同事付出的辛劳,实在难以想象。

邓稼先和许多的科技人员用科学知识和自己不懈努力研制成了两弹,让中国人民真正挺直了脊梁。

成功的法宝

自强不息改变个人命运,改变家庭命运的何止一人?我再讲一个大家熟知的名人。1985年,我去香港,住在九龙,朝海湾对面一望,有一座楼房赫然入目。那就是香港富豪李嘉诚的楼房。

谁能想到这样一位富翁竟是白手起家的!不少记者采访过他,不少文章写到过他,从他走过的道路我领悟到:自强不息是他成功的法宝。

李嘉诚出生在一个穷苦家庭,少年时,由于家里贫穷不得不辍学打工。他走进店里学徒,起早贪黑,不仅把应当干的活儿全都做好,而且,还腾出手来打扫卫生,干一些分外的事情。他勤劳肯干,非常讨师傅喜欢,师傅也就乐意教给他东西,很快他就成了一名熟练的员工。师傅喜欢勤劳的人,老板同样喜欢,于是,他提前当上了店员。

当了店员,李嘉诚仍然废寝忘食地工作,样样事情都干得很出色。老板见他能干,就让他去当推销员。推销员要在外头跑,比在店里更辛苦,李嘉诚却愉快接受了。夏天再热他也不松劲,冬天再冷他也不停步,他又把推销员的工作干得有声有色。

后来,李嘉诚自己创办企业当了老板,他不为别人做事了,但是辛勤劳动已成为他的工作习惯,成了他的宝贵精神财富。正因为这样,他才会把事业做得很好,以297亿美元的资产成为亚洲首富。

"杂交水稻之父"

2001年2月19日,在北京举行的颁奖典礼上,袁隆平获得了国家最高科技奖,领到了500万元的奖金。之所以获得这么高的荣誉,是由于他培育出了杂交水稻,提高了水稻的产量,不仅为我国农业发展做出了贡献,而且为世界做出了贡献。他的科研成果,走出了国门,成为全人类的共同财富。袁隆平被誉为"杂交水稻之父"。

袁隆平是西南农学院的教授,20世纪60年代,他看到水稻产量不高,农民难以温饱,便打定主意要培育新的优良品种。水稻育种是一件非常辛苦的事情,不仅要在试验室里钻研,还要到农田去实践。他冒酷暑,顶烈日,吃苦耐劳,一干就是几十年。1964年,他发现了第一株天然雄性不育株,这如同一缕曙光照亮了育种的道路。但是,谁也不会想到,过了10年"三系"配套才培育成功。漫长的10年中,他不知付出了多少汗水和心血。

紧接着,袁隆平又投入了新的科学研究项目。在他的带领下,先后完成了两系法杂交水稻新技术,并且参与完成了水稻基因组的"工作"框架图……

进入新世纪，袁隆平继续研究实验，虽然他已年过七旬，但仍然全力奋斗在科研天地。2014年10月10日，袁隆平和他的团队研究的中国超级水稻每亩产量达到1026.7公斤，创造了最高纪录。他们还没有止步，仍然向更高目标冲刺。

自强自立的小女孩

汾西县团柏乡羊反村有一个特别的家庭。儿子患小儿麻痹，肢体残疾，难以自理。娶了个媳妇是个聋哑人，这家的希望在哪里？爷爷将希望寄托在2002年出生的孙女身上，于是给她起名朱梅瑞。梅瑞，不就是盼望她能够像梅花一样遒劲刚强，孝敬父母，给这个不幸的家庭带来吉祥。

希望真变成了现实，仅仅10余岁的朱梅瑞就自强自立，成为家庭的支柱。

刚上幼儿园，朱梅瑞就懂事了。她知道爸爸无法干重活儿，一回家就做小帮手。这个年龄的其他小朋友，不管农忙农闲都只会玩耍，而她已能跟随妈妈去地里捡花生、掰玉米、刨土豆。上小学后，朱梅瑞更加懂事，无意间听说用热水泡脚可以缓解劳累，每天晚上都烧好热水，让爸爸泡脚，还帮他揉搓按摩。爸爸泡过，她又让妈妈泡。之后，才静下心来完成作业。

小学刚毕业，朱梅瑞就觉得自己成了大人。要升中学了，家里开销加大，钱从哪里来？他看到有人挖药材、捉蝎子赚钱，也挤进他们的行列。

整整一个暑假,她白天挖药材,晚上捉蝎子。挖药材就得翻山越岭,虽然很累,可比捉蝎子省心。捉蝎子必须小心,一不留神就会被蜇了。这样的苦头她吃过不止一次。有时候,抓着抓着跑远了,天黑得怕人,她便哼着歌给自己壮胆。

在家里勤劳肯干的朱梅瑞,一点也没有耽误学习。她刻苦勤奋,善思好问,成绩优秀,而且乐于助人。2012年山西省首届美德少年评选活动启动,她被评为"自强自立十佳好少年"。

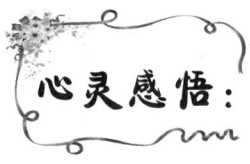

读完以上故事,想到一首民歌:幸福不会从天降。

幸福不会从天降,富强也不会从天降。从哪里来?从自己的奋发努力来。奋发努力会吃些苦,可吃苦既能磨炼意志,也能确定人生的幸福指数。有了坚强的意志,以后遇到再大的困难也会举重若轻。有了吃苦形成的幸福基数,幸福就会伴随一生。何况,人生的奋斗过程,既是为改变自己的命运努力,也是为民族的振兴富强做贡献呢!

民主篇

民主,是一个国家兴旺发达的基本因素。

人人畅所欲言,好主意、好策略才能产生出来。

人民当家做主,才能排除一言堂,才能减少决策失误,才能保证国家建设少走弯路,不走弯路。

近代以来,仁人志士为改变国家积弱积贫的状况,从国外引进了科学和民主。民主,似乎从那个时候才踏上我国的土地。可是,向历史深处张望,竟可以看到民主那古朴的身姿。

帝尧设立诽谤木

尧出生在他外祖父家,也就是现在临汾城郊的伊村。那时候,人们都是以地方名为姓氏的,所以他便姓了伊,名叫放勋。小时候,他和村里的伙伴一块挖野菜,一起捕鸟雀,什么活儿他都干。13岁时,他被封到陶地为侯;15岁时,他被封到唐地为侯。所以,后人又称他为陶唐氏。其实,那时候的侯就是个部落头领。

父亲帝喾去世后,按照常规,尧的兄长继承了父亲的位置,这就是帝挚。帝挚没有治国能力,脾气还很暴躁,再加上身边一帮小人净出歪主意，他干了不少劳民伤财的事。众人稍不满意，替他主谋的那帮小头领就任意打骂，甚而惨杀。这么一来，各部落的头领对帝挚大为反感，怨气冲天，他们不再朝拜帝挚，全都来拥戴伊放勋，推举他当了统领天下的头领。后来人们把放勋称为帝尧。

帝尧成为头领就想把天下的事情办好。他想起外祖父家是一个地肥水美的好地方，就带着众人来到这里安居乐业。那时候，在姑射山下，汾河西岸，有一个很大的湖泊。湖泊浩渺，一望无垠，水面平静无痕，大家叫它平湖。平湖北面地势平坦，土壤肥沃，那就是他们的家园。古时候将山的南面、水的北面称为阳面，由于大伙的家园在平湖的阳面，就简称为平阳。

帝尧把都城建在这里，因而后世子孙称之为："尧都平阳。"

其实，帝尧带领众人安身时平阳顶大也就是个村落。可是，就在这个小小的村落里，他思考着天下人的事情，为大伙谋利益。他在这里设立了四岳，专门负责协调各部落的事物；设立了大理，专门解决人们之间的诉讼难题；设立了观象官，专门观察天气的风云变幻……责任分明，事事有人管理。他认为人多智谋广，天下的事情才会办好。

可是，过了一段时间，帝尧发现很少有人提建议，即使有人说话，也吞吞吐吐。这是怎么回事？回头一想，还是受兄长帝挚的影响，怕受打击迫害，不敢畅所欲言。怎么打破这种局面，广纳谏言？思来想去，他在宫殿前面竖起了一根木头柱子，名叫诽谤木。那时候的"诽谤"一词，还不像现在是贬义的，是要大家敢于讲不同的话。无论是在朝中任职的大臣，还是一般的平民，只要是站在诽谤木下，都可以议论朝政，即便是说错也不予追究。这一来，大家都纷纷献计献策，为治理天下出了不少的好主意。帝尧博采众长，把天下治理得井井有条。

后人为了铭记诽谤木开创的民主气氛，就把诽谤木改称为华表。以后的用途就广了，竖立在大路交叉处的叫路表，竖立在陵墓前面的叫陵表。现在北京天安门前后各有两尊精美的华表，挺拔而立，直指苍穹。横生的云板，更增添了凌空而上的气势。华表的上头有个瑞兽叫朝天吼，天安门里边的叫望君出，意在提醒君王不要贪恋宫中安逸的生活，要到民间了解百姓疾苦。天安门外边的叫望君归，意在提醒君王，了解到情况就及时回来主理朝政，不要游山玩水。

广纳众言治天下

帝尧设立诽谤木能够看出他民主治世的愿望，那么，他把愿望变为行动了吗？历史告诉世人，帝尧是知行合一的楷模。

《尚书·尧典》中就有关于帝尧作风民主的记载。他经常召集部落和部落联盟会议，听取大家的意见。这一年，天下洪水泛滥，帝尧召集会议，征求意见："谁可以带领平民治水？"

有人提议由鲧带领平民治水，帝尧觉得鲧不可靠，给大家解释："不行吧！他听不进别人的意见，独断专行。"

四岳仍然坚持说："不会吧！先试试看。"

帝尧便尊重他们的意见，说："好，就让他试试吧！"

四岳是德高望重的首领，帝尧虽然有不同看法，却尊重四岳的意见，让鲧领命治水。就这么鲧当上了治水的头领，然而，连续治理9年，洪水非但没有减小，还越来越大了。现在临汾市的东边有个浮山市，据说就是因为那次洪水而得名的。由于洪水越积越高，四处漫溢，连都城也快淹没了。帝尧带着朝中大臣和附近子民连忙向高处撤退，撤着，撤着，就到了东面的山上。四处一片汪洋，唯有这儿还露个山头，就像是浮在水面，因而众人称之浮山。无疑，鲧治水失败了。后来，帝尧任用鲧的儿子治水，才获得成功。这就是有名的大禹治水。

帝尧并没有因为四岳推荐的人不准，不再重视他们的意见。仍然一如既往和他们商量天下大事。到了晚年，帝尧感到精力不济，就让大家推荐个继承人，放齐推荐的是帝尧的儿子丹朱。帝尧认为丹朱没有治理天下的才能，不予任用。他让大家继续推荐，四岳推荐了舜。

帝尧问："这人怎么样？"

四岳回答："舜的父亲心术不正，后母说话不诚，弟弟加害于他，他仍能同他们和谐相处，治理国家不会错吧！"

帝尧认为他们说得有道理，就跋山涉水，亲自来到舜耕田的历山寻访。登上历山，满眼都是坡地。大片坡地却被一条条垄线分割成条条块块。帝尧有些诧异，这垄线有什么作用？他走近田边问一位老农。老农告诉他，千万别小看这垄线，过去农家常因为田的多少，发生口角。自从有了垄线，人们各耕其田，再也没有争端。帝尧听得异常欣喜，禁不住问，这是谁的主意呢？老者用手指指正在耕田的一位后生。

帝尧便朝那位后生走去。到了田边一看，他耕的地比别人的平整多了。远远望去，后生的犁后挂着簸箕，他不时就敲一敲，这是干什么？帝尧心存疑惑。待后生耕到这边田头，他上前打问，后生微微一笑，对他说：

"牛耕田很累,我不忍心打它们。再者,我一鞭下去打不到两头牛的身上。打黑牛,黑牛走得快,黄牛仍然慢,一快一慢,犁头颠动,地就耕不平了。如果打黄牛效果也是一样。"

帝尧欣喜地看着后生,说:"哈哈,好呀!小伙子又仁爱,又有心眼。"

帝尧得知这后生就是四岳推荐的舜十分高兴,认为这才是理想的贤人。他又进行了一番考验,证明他不仅仁爱,还能处理复杂事情。于是,就让他代替自己处理事情。随后,便将帝位禅让给舜。这就是名传千秋的尧舜禅让。

回望往事,后人将帝尧那个时候的清平世道比喻为尧天舜日。看来,这尧天舜日的美好岁月里也闪耀着原始民主的华光。

唐太宗虚心纳谏

"民主"一词在中国古代几乎看不到,听不见,但是,大凡政治清明、社会安宁的朝代的君主都善于纳谏。

贞观之治在历史上尽人皆知,创造这个盛世的皇帝唐太宗李世民就能够虚心纳谏。贞观元年,一个叫元律师的人犯了罪,被判死刑。司法官孙伏伽不同意这种判法,进谏说:"依据现行法律,不该被处死。"唐太宗听后,不仅不怒,反而将价值百万的兰陵公主园奖赏给了他。一些大臣表示不理解,唐太宗解释说,我刚刚即位,需要在朝堂上下形成敢于直谏的风气。孙伏伽是我登基以来第一个敢于批评朝政的,所以要重赏。唐太宗倡导直谏，大臣们逐渐消除了思想顾虑，都敢说实话，报真情。

贞观二年正月的一天，唐太宗问大臣魏徵："人主何为而明，何为而暗？"魏徵对曰："兼听则明，偏信则暗。"唐太宗笑着点头赞同。他常向大臣们说到隋炀帝，隋朝短命灭亡，不是隋炀帝不聪明，而是太聪明。聪明的以为天下只有他聪明，听不进别人的话语，农民起义已经风起云涌，他还什么也不知道。唐太宗以隋朝的教训警示自己，前车之覆，不可不鉴。从贞观初年开始，他诏令五品以上的官员必须轮流在中书省值夜班，这是为了随时召见。每次召见时，唐太宗都赐座交谈，详细询问外面的情况，了解朝廷的政策对百姓是有利还是有弊，尽量减少失误。

贞观三年，唐太宗下诏"关中免二年租税，关东给复一年"，但不久就变了卦。魏徵批评他"追悔前言，二三其德"，唐太宗虚心接受了魏徵的意见。贞观六年，唐太宗要去泰山封禅，魏徵谏说，百姓生活没有好转，国力不足，这样做不妥当。唐太宗听后打消了封禅的念头。

虽然李世民的纳谏有一定局限性，只能听见大臣的声音，听不见民间的更多声音，而且都是为了巩固自己的统治。但是，作为一个封建君王，能闻过则喜，诚恳地改正错误，这在皇帝里面是罕见的。因而，后世都将他看做帝王的榜样。

魏太武帝的国宝

如果有人问晋献公国宝是什么？他可能回答是垂棘之璧和屈产之马。垂棘之璧是宝玉，屈产之马是宝马。晋国就是用这宝物贿赂虞公借到通道，才灭掉虢国。当然，顺便也把虞国收入自己的辖域。

不过，在魏太武帝眼里敢于直谏的是大臣古弼。

太武帝即位后，古弼先后任侍中和吏部尚书等重要职务。有一次，古弼得知御苑猎场占用了很多田地，百姓无法耕种，衣食成为问题。古弼立即进宫上奏皇上，要他退还耕地。碰巧皇上正同给事中刘树下棋，没有心思听取他的谏言。古弼坐着等了很久，也没有机会说话，最后干脆站起来，责打刘树。边打边说，皇上不理政事，都是他的过错。这一下搅乱了皇上的棋局，弄得很没脸面。好在太武帝没有怪罪他，放下手中的棋说："过错在我，刘树有什么罪，别打他了。"然后，静听古弼陈情上奏，听完当即同意他的奏章，下令把所占田地归还给百姓。

见皇帝准奏，古弼赶紧认错。他说："作为臣子不应该在君王面前逞强，请皇上治罪！"说完脱帽光脚，请皇帝处罚。皇上说："你耿直尽忠，公正办事，这是朕的福气，你有什么罪呢？从今以后，只要有利于国家、方便百姓的事，就算再唐突过分，你都可以做，不要有所顾忌。"

时隔不久，太武帝在河西围猎，下诏让古弼将壮马分给骑兵。古弼却把瘦马分给他们，太武帝为此大怒。手下的官吏都害怕被皇帝治罪，古弼告诉他们，打猎一事是小罪，如果边境有外敌侵犯就是大罪，所以我把壮马都送到军队中去了。不要怕，这对国家有利，有罪我一人承担。皇上听说后，没有惩罚他，还连声赞叹他是一国之宝，赏赐给他很多东西。

还有一次，皇上在山北打猎，打到了很多麋鹿，下诏让古弼派50辆牛车来运。诏书一下，皇上对随从说："古弼肯定不会派车，你们就用马驮一些算啦！"往回走了一程，果然古弼的奏表到了。他上奏皇帝，今年秋天谷物成熟早，麻菽遍野，要赶紧抢收，不然猪鹿偷吃，鸟雁损害，会损失一半。请求哀怜宽缓，让百姓用车收运粮食。太武帝闻言，笑着对大家说："我说的没错吧，古弼不会派车，他想的是百姓的粮食，是国家的大事。"

我们不说古弼直言犯上，只说皇帝有了纳谏的意识，大臣才敢实话实说。实话实说看起来不难，做起来并不容易，做到了就会国泰民安。

民主才是新出路

1945年7月，国民政府的参政员来到延安访问。毛泽东和黄炎培握手时说："我们20多年不见了！"黄炎培一愣神，蓦然想起1920年杜威访华时，黄炎培曾请他在上海演讲，毛泽东是台下的听众。

黄炎培一行在延安看到了多种多样的商品和各式各样的新房，以及街道上的意见箱——每个延安人都能"直达上听"，给领导人提建议。他发现，在延安喊毛泽东就是毛泽东，很少有人称职衔。黄炎培在同中共领袖交谈时，毛泽东、朱德、陈毅等人"朴实稳重"的举止，也给他留下了深刻印象。

考察过后，毛泽东设宴款待客人。黄炎培在宴会上说，延安没有一寸土地是荒着的，也没有一个人好像在闲荡，老百姓生活得很不错。毛泽东问他还有什么感想，黄炎培坦率地说："我生60多年，耳闻的不说，所亲眼看到的，真所谓'其兴也勃焉'，'其亡也忽焉'，一人，一家，一团体，一地方，乃至一国，很少有能跳出这周期率支配力的。"他是在说，无论是个人还是集体，刚开始时朝气蓬勃，很为兴旺，但是过不了多长时间就会懈怠、腐败，很快衰亡。他问毛泽东有什么办法跳出这个周期率？

毛泽东的回答是："我们已经找到新路，我们能跳出这周期率。这条新路就是民主。只有让人民来监督政府，政府才不敢松懈。只有人人起来负责，才不会人亡政息。"

民主是一个政党，一个国家长期兴旺发达的新出路和根本保证。

小事上维系着民主

作家李春雷写过一篇文章《朋友——习近平与贾大山交往纪事》。从这篇纪实文学，可以读出习近平是一个具有民主精神的领导人。

1982年，习近平来到正定县担任副书记，与大伙儿第一次见面，作家贾大山就直愣愣地来了一句："来了个嘴上没毛的管我们。"嘴上没毛的，是指没有长胡子，资历很浅，有看不起人的意思。这句话，习近平清清楚楚地听到了。如果是一般的领导，会非常反感，嘴上虽然不说，肯定会疏远他，甚至找机会给个小鞋穿。但是，习近平没有，反而觉得这人能讲真话，非常难得。过了几天，习近平主动约见了贾大山。

一番交谈，两人很是投缘，以后他们经常谈话、交心，成了朋友。成了朋友，贾大山和习近平谈话更为率性、真诚，甚至随兴出言，很少考虑。一次，他竟然开玩笑地问习近平："你说，咱俩谁在全国影响大？"习近平说："当然是你。出了正定县，谁认识我啊！不像你，走遍全国，都知道贾大山。"贾大山一听，哈哈大笑。

虽然是笑谈，也可以看出贾大山的自信和清高。习近平对他仍然没有反感，反而更好了。两人常常聊天至深夜，肚子饿了，习近平就拿出从北京带来的午餐肉。没有案板，就在稿纸的背面（稿纸正面有油墨），用水果刀切成一片片，然后往水杯倒上茶，一边吃喝，一边继续聊天。就在这聊天中，贾大山把自己对社会的看法，对县里的看法，特别是对正定县文化建设的看法，直言不讳地说出来。有些话并不好听，但肯定是真实的。

贾大山去世后，习近平在《忆大山》一文中说："在与大山作为知己相处的同时，我还更多地把他这里作为及时了解社情民意的窗口和渠道，把他作为我行政与为人的参谋和榜样……"

习近平的民主作风，由此可见一斑。

在中国古代并无"民主"一词，但曾出现过民主的萌芽，即帝尧时期的原始民主，类似民主的做法并不罕见。

民主，能够让你博采众长；

民主，能够使你耳聪目明。

博采众长，耳聪目明，就能够减少失误，使国家富强，人民安康。小康社会，太平盛世，与民主有着不可分割的缘分。

文明篇

文明是一个社会的道德风貌。

文明是一个人的基本素质。

一个社会的风貌可以陶冶人的素质，可见，一个人的素质如何与社会风貌关系很大。

不过，一个社会是由一个又一个人组成的。这就是说，个人的素质高低将决定社会风貌的好坏。

在文明社会里，人们享受的是无处不在的温暖。

反之，则是世态炎凉。在世态炎凉的社会里，生活、学习、工作，处处难以方便。因此，从古至今，世人都在渴望文明，传播文明，让文明像春风一样，与你，与我，与他常常相伴。

二十四孝第一孝

文明的首要一点就是孝敬父母。在中国二十四孝里面，第一孝就是舜。

舜的母亲去世早，父亲瞽叟又续娶了妻子，舜便有了继母。继母生下弟弟象后，对舜更为不好，经常在父亲面前说舜的坏话。父亲听多了，生气了，就将他赶出家门，这便有了舜耕历山，帝尧在那里访到了他。帝尧为了进一步考察他,就将自己的两个女儿娥皇、女英嫁给了舜。

成亲后,舜带着两个媳妇回家拜见父母。后母想把他们赶出去,可是弟弟象见了二位花容月貌的嫂嫂,生出祸心,就想和母亲合计要害死舜。

这天傍晚,父亲瞽叟将舜叫过去说,井浅了,有了淤泥,要他下去淘井。舜没有推辞,准备第二天就干。回到屋里,和娥皇、女英一说,她们都觉得应该长个心眼。待父母、弟弟都睡了,他们忙碌了大半夜。这半夜没有白忙,第二天舜刚下井,就觉得井口一黑,像有什么东西掉下来,他赶忙闪身,躲进了昨夜挖好的洞里,悄悄钻回屋里。井口上的象可得意了,又是填土,又是倒石,把井埋了个严实,心想舜必死无疑了。他扔了工具,撒腿就往嫂嫂屋里跑。快近窗前,听见琴声悦耳,以为是嫂嫂弹琴呢!他喜不自禁,大步跨进屋去。一进门,吓得差点爬下,哎呀,弹琴的竟然是舜。象讨个没趣,说了几句闲话,溜了出来。

一计不成,又生一计。这天父亲又叫舜,说谷仓漏雨,要他上屋修理。舜又答应了,回屋一说,娥皇、女英都说还得提防。第二天,舜上房顶时背了两个斗笠。他正在翻盖茅草,就见谷仓着火了,浓烟滚滚向他卷来。他去找梯子,哪里还有呢?早被象抽掉了。舜从背上拿下斗笠,一手一个,高高举起,跳了下来。不偏不倚落在自己的屋前,他抖抖灰尘,回到屋里。不一会儿,大火烧光了谷仓,象没找到舜,以为他烧成了灰烬。他高兴地跑来和两位嫂嫂成亲,一进门却又看见了舜。他腿一软,跌在地上。舜拉起他说:"小弟以后不要多礼,更不要跪拜。"给了个台阶,让象退了出来。

舜连续被害,却不计前嫌,一如先前那样孝敬父母,善待弟弟。后母和弟弟见害不死他,以为是天神相助,也不敢再动邪念了。一家人和睦相处,光景过得红红火火。因而,舜才成为中国第一孝。

孔子为啥不游晋

孔子周游列国，是众人都知道的历史事实。孔子周游列国而不游晋国，也是众人都知道的历史事实。

那么，孔子为什么不游晋国呢？

据说，那天孔子一行来到黄河边上，正准备坐船过河，伫立岸头，远远一望，看见对面高垣上有一只禾鼠跷起前肢，双掌合一，像是打躬作揖，向他们施礼。孔夫子大为感动，一路走来风尘仆仆，百般艰难不说，还常遭驱逐、受围攻。此地的禾鼠都这么友好可爱，这么懂得礼貌，怎么能不感动？

孔夫子问："对岸为何地？"

答是晋国。一听晋国，孔夫子想起了《韶乐》。当年，孔夫子初听《韶乐》高兴得手舞足蹈，三个月不知肉味。《韶乐》是舜时期的乐曲，是根据尧时期的乐曲《大章》演变来的。晋国大地原先是尧舜故都，孔夫子明白这里是古老的礼仪之乡。很早的时候，尧舜就在这里教化万民，协和万邦，出现过夜不闭户、道不拾遗的太平景象。因而，孔子一行不再过河游晋，取道他国。

我们中华民族素来被称作礼仪之邦，有着悠久的文明传统。文明就是在人和人相处中、在社会交往中，要懂得礼貌，要善待他人。既要对尊长、对领导有礼貌，也要对同学、对同事有礼貌；既要对比自己强的人有礼貌，也要对比自己弱的人有礼貌。许多事实说明，礼貌不仅是一个人品德的体现，而且也是一个人不可多得的财富。反之，一个不懂礼貌的人则可能在学习、工作、生活中遇到意想不到的障碍。

程门立雪

程门立雪是一则成语,经常用来喻示尊敬师长,诚恳求教。

这则成语记载着一个故事。

宋代时,有个人叫杨时。考中了进士,谋得了官职,却觉得自己才疏学浅,毅然放弃了高官厚禄,来到河南拜程颢为师。程颢及其弟程颐都是当时的大学问家。杨时学了一段时间,程颢去世了。为了继续深造,他来到洛阳向程颐求教。

这一天,天阴风寒,杨时和朋友游酢来到程家,程颐正在休息。二位怕惊扰了先生,站在外面静等。天寒地冻,他们冷得浑身发抖,但不愿离去。不一会儿,下起了雪,雪越下越大,很快积了厚厚的一层。杨时和游酢仍然躬身等候,直到雪下了一尺多深,程老先生才醒来。一见他们如此礼恭,如此虔诚,便收为学生,悉心教授。后来,杨时也成了有名的学问家,程门立雪的故事从此流传开去。

这个故事告诉了我们尊师重教的道理。古人曾有一日为师、终身为父的说法。这是说哪怕老师只教过我们一天,我们一生都要把他像父辈那样尊敬。

三顾茅庐

前面讲了尊师重教,这里想说说重用贤人。如果说尊敬师长是晚辈礼敬长老，是必须遵循的孝道，那么重用贤人就不同了，是上级对待下级，若是没有礼仪教养，一般人很难做到。

在重用贤人上，三国时期的刘备是个典范。

刘备是蜀国的君主，他建立的蜀汉与曹魏、东吴对峙，形成了三国鼎立的大势，成为留名青史的皇帝。刘备能够成就霸业，是因为有位好军师，也就是宰相诸葛亮。诸葛亮上知天文，下晓地理，通古达今，熟知兵法，是位难得的人才。不过，若不是刘备以礼相请，诸葛亮也许只会安居僻野，不出茅庐。关于此事，诸葛亮曾在《出师表》中写道："先帝不以臣卑鄙，猥自枉屈，三顾臣于草庐之中。"这就是众所周知的三顾茅庐的故事。

东汉末年，刘备攻打曹操失败，投奔荆州刘表。他访求人才，欲成大业。荆州名士司马徽告诉他：此地有"卧龙"、"凤雏"，二人得一，可安天下。

卧龙便是诸葛亮，家在襄阳城二十里外的隆中，耕作自养，精研史书，隐居不出。刘备求贤若渴，登门去请。头一次去，诸葛亮避而不见，徒劳一场；第二次去了，诸葛亮仍然不见，又徒劳一场；但是，刘备丝毫没有轻蔑懈怠，再次躬行去请。这第三次去，诸葛亮在家，却在卧榻小憩，刘备不敢搅扰，侍立门外等候。直到诸葛亮睡醒才上前叩拜请教。诸葛亮被刘备的诚意打动，认为找到了明主，方请他们落座，共话国运大势，划定了天下三分的格局。并答应了刘备的请求，走出隆中，辅佐相助，终于成就了蜀汉大业。

这个故事告诉我们，文明不是空洞的，是具体的行为表现。对待父母、师长、上级要有礼貌，对待下级也要有礼貌，这是一个人必须具备的良好素质。刘备能得到诸葛亮全在于礼待下士。假设刘备无礼节，诸葛亮肯定不会出山相助；假设没有诸葛亮相助，刘备很难建立蜀汉政权。

贾存仁修撰《弟子规》

《弟子规》是中国传统文化的经典，也是文明启蒙教育的经典，影响之大，读诵之广，仅次于《三字经》。《弟子规》前身为《训蒙文》，作者是康熙年间的李毓秀。后来，经贾存仁修订改编，定名为《弟子规》，广泛流传开来，成为清朝至民国期间启蒙养正，教化子弟的最佳读物。

贾存仁是临汾市浮山市左村人。雍正二年（1724年），他出生于一个耕读世家，自幼承受家庭书香熏染，非常喜欢读书，尤其喜欢研读宋代学人及其他理学专著。他博学多才，书法和绘画在当时都有名望。但是，他的科考很不顺利，屡考不中，只在乾隆辛卯年（1771年）乡试时考中过副榜。此后，屡次科考不中，干脆疏离仕途，潜心致学读书。据他的墓志铭记载，曾撰写过《四书千一录》《等韵精要》《诗韵考源》《音汇》等书，其中除《等韵精要》外，可惜都没有流传下来。

中年时，贾存仁曾游历京城，参加过《四库全书》的校订。后来，他返回家乡，从此主要以讲学授课为业。不仅在本地讲课，还去安泽县担任安泽书院掌院。不过，仅仅一年因为身体不适便离任归家。回来后，主要精力都用来撰写、修订图书，一直到去世。当然，他一生最大的成就便是修订《弟子规》。

《弟子规》的前身是绛县李毓秀撰写的《训蒙文》。顾名思义，《训蒙文》就是教育儿童的启蒙读物。贾存仁将之更名为《弟子规》，范围就有所扩大，不仅是儿童，每个子弟都在训导教育之列。再看"训"与

"规"，虽然一字之差，意思却大为不同。训，只能是训教开导，至于对象接受与否，那就要看各自的悟性。规，则是规定，是准则，是必须遵循的行为规范。说是《弟子规》，其实是每个人都应努力达到的行为目标。这等于为当时的人们制定了完整的道德准则。称为《弟子规》是对《训蒙文》的继承，因为儿童时期是形成性格的关键期，是人之初、性本善的清纯阶段，这时教化作用最大。所以，《弟子规》比《训蒙文》的意义更重大、更深远，难怪会成为全民的道德范本。

贾存仁能够修订《弟子规》，固然由于他幼时就开始读书，深受传统文化的熏陶，同时也由于家庭环境的耳濡目染。他8岁时，母亲就长年患病，难以自理。后来更是卧床难起，一躺就是7年之久。这期间，还没成年的贾存仁就天天侍奉母亲，每天睡觉不脱衣服。孝道早就深入他的内心，化为他的行为。因而，他才能在《弟子规》中写道：

"父母呼 应勿缓 父母命 行勿懒 父母教 须敬听 父母责 须顺承"

……

这不是大话训教，而是无微不至的劝告。这劝告为什么细致入微？原因就在于贾存仁有深刻的生活体验。他将自己的亲身体验，用最简洁的语句凝结笔端，就成为最精彩的人生准则。

深厚的学养积累，高尚的道德行为，使贾存仁站在了一个常人难以达到的高度。因此，他才能在众多的书籍读物当中一眼看中《训蒙文》的价值，才会仔细品鉴，秉烛修订，使之焕发出新的光彩。如今距离贾存仁生活的时代已经过去了200余年，《弟子规》不但没有过时，仍然有着传播孝道，修养德行的精神价值。

礼貌解仇

讲了几个历史故事,似乎文明离我们很远,其实不远,它和我们每个人都息息相关。

我听过这么一个故事:

这是个真诚的孩子。6岁时,他看见妈妈和别人打架,打得很凶,心里十分恼恨那家人。那天晚上,乘着淡淡的月光。这孩子居然壮着胆子跑到那家的农田,拔了已经开花的辣椒苗。回家后,他很兴奋,向奶奶炫耀自己的壮举。孩子想,一定会受到奶奶的夸奖。没想到,一向和善的奶奶变了脸色,伸出巴掌猛打他的屁股。

孩子哭了,哭着听奶奶训教:小娃娃哪能这样无礼,今后出了门,不管是有仇的、没仇的,都得有礼,该叫爷的都要叫爷,该叫伯的都要叫伯,该叫婶儿的都要叫婶儿……

训教完了,问他:"记住了吗?"

孩子抹着泪说:"记住了。"从此出门,他都礼貌地称呼左邻右舍。

不知不觉,日子过去了好久。这年,他家盖新房子,父亲不小心砸伤了脚。立木上梁时需要很多人,人少了,干不成。父亲很是担心,没想到那天来得人真不少,连吵过架的仇人也来帮忙。妈妈很是内疚,一脸的不好意思。帮忙的人说:

"娃儿平时喊人喊得可亲哩,不看大人脸,也看娃儿脸哩!"

这是件很小的事,可也体现出文明礼貌的力量。孟子说:"得道多助,失道寡助。"其实,孟子说的这话中也包含着文明哩!

一个电话

一个电话，可以决定一个人的人生道路，你相信吗？

小梅去一家合资企业应聘，笔试成绩夺魁，面试评价很高，自以为胜券在握。但是，面试结束时，主考告诉她，理事会还要研究，请她回家等候通知。

小梅蛮有把握地等待，做好了上班的准备，甚至连第一天穿什么衣服报到都谋划好了，不料却等到了一纸落聘通知。通知写得很客气：

小梅女士：

经理事会研究决定，你落聘了。虽然我们很欣赏你的学识、气质，但因为名额有限，只好忍痛割爱。为感谢你对本公司的信任，特寄去本公司的产品优惠券一份，祝你开心。

看完通知，小梅的心情可想而知，十分伤心。本应将通知一扔了之，可是她为公司客气的语言所打动，打了一个电话过去，对他们认真负责、礼貌周到的工作精神表示敬意！

故事结局应该到此很圆满了，没想到事出意外，一周后小梅接到了公司正式聘用的通知。原来，那张落聘的通知是公司的最后一道试题。这道题不是测试智力，不是测试能力，而是测试道德礼貌了。可以推想，如果小梅带着一肚子怨气和委屈，不回这个电话，那聘用就与她无缘了，她的人生只能是另一条道路。

小梅去电话看似偶然，其实是偶然中的必然，是人生修养的一种体现。所以，我们平日就要养成文明礼貌的好习惯。

跪着做事的礼仪

这是一家生意兴隆的宾馆。

记者采访他们的经营之道,经理只说了四个字:跪着做事。

跪着做事的背后也有一个故事:这个故事发生的时候,经理还是一个初来乍到的服务生。这天,服务生去给顾客送咖啡,脚下一滑,身子一闪,托盘的手一抖,杯中的咖啡溅了出来,滴到了顾客的皮鞋上。

服务生连忙道歉,腿也有些发抖。

这时候,一旁的经理看见了,走上前来,什么也没说,掏出自己的手绢,弯腰跪在地上,替顾客把皮鞋擦得干干净净。

服务生看到经理做这一切时,神情自然,犹如给自己、给家人服务一般,丝毫也没有让顾客感到尴尬,也没有让失手的自己感到难堪。

事后,他请教经理,经理告诉他:"站着做人,跪着做事,是宾馆的服务礼仪。"

多少年过去了,这件事仍然深深记在服务生的心里。他按这样的服务准则为人做事,一直干到经理,而且将宾馆经营得风生水起。

得理也让人

服务员,你过来!

一位顾客生硬的叫喊，喊过来众多的目光。闻声服务的姑娘快步走来了，那顾客指着杯子训斥：

"看看，你们的牛奶是坏的，把我的一杯红茶也糟蹋了！"

说着，满脸都是寒霜。

姑娘微笑着说："对不起，您稍等，我马上给您换一杯。"

很快，一杯红茶端来了，新鲜的柠檬和牛奶也摆好了，姑娘轻声说：

"先生，我可不可以给您提个建议？如果放柠檬，最好不加牛奶，因为有时柠檬酸会造成牛奶结块。"

声音虽轻，那顾客却心头一震，点点头，匆匆喝完茶，走了出去。

那位顾客走了，有人问姑娘："明明是他不对，你为啥还那么客气？"

姑娘说："得理也要让人，这也是一种礼貌。"

姑娘说得对，可是要做到并不容易。有个成语说"任劳任怨"，任劳容易任怨难。姑娘既能任劳，也能任怨。任劳任怨，其实才是文明的最高境界。

礼貌的误区

讲多了正面例子，也该说说反面的了。文明礼貌和衣着穿戴有关，但更重要的是行为举止言谈。

一位乡下人走进城里，一看就是乡下人，因为他穿着破旧。

一群城里人站在街头，一看就是城里人，因为他们穿着时新。

一个城里人说，我们逗逗那个乡巴佬。

于是大伙围了上去。一人说:"你穿那么厚的衣服,是否乡下还在冬季?"另一人说:"你走路脚抬那么高,不看脚下没有田垄吗?"

乡下人红着脸说:"我想城里人高贵、聪明、有教养,乡下人粗陋、守旧,应该教化,看来我们都错了。"

其实,看似乡下人的那个人并不是乡下人,而是一位名牌大学的教授。仅凭衣着评判一个人是坏习惯,取笑别人更是不文明的坏习惯,应该坚决戒除。我们应该想一想,自己取笑过人吗?有这种毛病吗?如果有,让我们从今天改正吧!

心灵感悟:

文明是一种教养,是一种习惯,也是一种精神财富。

哪里文明,哪里就充满阳光,哪里就充满欢笑,哪里就充满成功。

反之,一个人不懂文明,缺乏教养,即使打扮得再亮丽,也无法摆脱粗俗。

文明不是用衣饰外化,而是用道德内修。一个具有文明修养的人,永远温文尔雅,永远携带着阳光。让我们从自己做起,从小事做起,成为一个讲文明、有礼貌的时代新人,像阳光一样照亮自己,也照亮别人。

和谐篇

和谐是幸福的根本保证。

幸福在哪里？在收获的喜悦里吗？在成功的兴奋里吗？

回答是这没有错误，幸福与收获，与成功有着密切关系。只是，收获是长期辛劳后的短暂喜悦，成功是长期拼搏后的短暂兴奋。难道幸福就这么一闪而过？不会，其实幸福可以和我们时刻相伴，终身相伴。

关键是我们要有恰当的人生定位。有了这定位，就会发现人生的幸福不只是收获的喜悦，不只是成功的兴奋，而是阅历，是过程。只要这阅历，这过程处于和谐之中，能够放松身心，那就是一种幸福。

而且，这幸福不会一闪而过，稍纵即逝，是可以永久相伴的。能让你终身幸福的唯有和谐。和谐，是指融洽的关系。社会和谐，国家昌盛；家庭和谐，其乐融融。

小康人家最幸福

如今我们正在全面建设小康社会，为什么要建设小康社会？那是因为小康最和谐，最快乐，最幸福。就让我们走进小康的源头去领略一下。

小康的源头就在现今临汾市尧都区康庄村。帝尧在平阳建都后，时刻关心着天下平民百姓，做梦都在想他们的日子过得怎么样？因而，他常常走出宫廷去民间巡访，了解大伙儿的生活状况，设法办好天下的事情。

这一天，帝尧走出平阳城，来到一个村庄。村庄不大，看房舍也就百十户人家，却有一条平展展的大道从村外一直通到村子里头。走进村里，四处洁净。村落里静悄悄的，唯有一个地方不时爆发出欢笑声。顺着笑声走去，帝尧和随从来到一个大场里。大场上人真多呀，男男女女，老老少少，熙熙攘攘，挤了个满满当当。这是干什么呢？

帝尧走进人群，看见大伙儿在做击壤的游戏。地上立一块木板，做游戏的人手中拿一块木板，一边吟诵，一边用力一甩，将手中的木板扔出去击打地上的木板。木板打中了，众人欢呼雀跃！这时，一位白发老头跳上前去，捡起木板，也要击掷。看上去老人有80多岁了，却满面红光，动作迅捷，一点也不迟钝。拿起木板先唱了一曲歌谣，也就是我们今天所说的《击壤歌》："日出而作，日入而息，凿井而饮，耕田而食，帝力于我何有哉。"顺手一掷，居然也击中了，人们的欢笑声更高了。

帝尧看得高兴了，也为他们鼓掌加油。谁料，随从的大臣放齐不高兴了，他悄悄对帝尧说："你整天为大家操心费力，他们怎么唱帝力于我何有哉？"

帝尧告诉他："我们的责任是为大伙创造一个良好的生存方式，良好的社会秩序。如果社会混乱，纷争不断，大伙儿一刻也离不开我们，要我们给他们判断是非，惩治坏人，那只能说明我们没有把事情办好！"

放齐听了一想，正是这样，帝尧钦定历法，推广水井，把农耕增产的法子普及到天下。又协和各个部落的关系，平息战争，给了大伙儿安宁的生活环境。众人日出而作，日落而息，自食其力，和谐生活，哪里还会想到帝王的作用呢！这么一想也由衷地笑了，笑过发问，才知道这村落名叫康庄。帝尧听了笑着说：

"康庄，好名字！"他指指脚下，说："这是条康庄大道，住在村里的全是小康人家啊！"

从此，康庄大道、小康人家的美誉就流传开去，一直流传到了今天。不过，回望小康源头，千万别忘了和谐生活是根本啊！

宽容成睦邻

如何才能和谐生活？因素很多，宽容就是其中之一。

春秋时期，楚国和梁国相邻。相邻的农田里都种着西瓜。梁国人善于农耕，西瓜秧长得绿油油，蔓延一地。楚国的西瓜秧稀拉拉，难掩地皮。

楚国的县令见了，很没脸面，叫来亭长，大声训斥。亭长回去，恼火仍在，下令给梁国个颜色看看。

梁国瓜田的秧苗被拔了一片。

梁国的亭长得知，也很恼火，报告县令，打算报复楚国。县令却不同意，还命令，非但不能去拔，还要悄悄地帮楚国把西瓜种好。

亭长无奈，只好每晚带人过界，帮楚人给瓜秧浇水施肥。过了些日子，楚国的瓜秧也变得长势喜人。

这个秘密终于让楚国人发现了，县令和亭长都很后悔，他们派人过来讲和，两国从此建立了亲密的友邻关系。

梁国的这位县令叫宋就，贾谊在《新书》中赞颂了他"报怨以德"的高贵品质。看来，要和谐必须有开阔的胸怀。胸怀开阔才不会斤斤计较，才会大肚能容容天下难容之事。

仁义巷的故事

和谐还需要谦让。

安阳城里有一条仁义巷。仁义巷就是谦让出的和谐成果。

明代嘉靖年间,这儿住着两个大户人家。其中有姓郭的一家,他家有个人在京城做大官,他就是吏部尚书郭朴,是个清官,人称"郭阁老"。有天,夫人给在京城的郭朴送来一封家书,里面讲了一件令人生气的事。邻居王山盖房,多占了郭家一墙宽的地方。郭朴看后马上明白了,这是要借助他的权势,讨回这一墙的主权。郭朴看完,略一沉思,写好回信,让人带了回去。

郭夫人见到回信,非常高兴,连忙拆开细看,只见信中写着这样四句话:

千里捎书为一墙,

让它几尺有何妨?

万里长城今犹在,

不见当年秦始皇。

郭夫人是个知书达礼之人,看罢书信,明白了郭朴的意思,便让家人重新垒墙,让出了三尺宽的地方。

那边的王家见郭家又给自己让出了三尺地方,很受感动。心想,人家郭朴在京城做宰相,权高位重,不但不和咱争,还这么谦让,而自己却挤占人家的宅基地，实在太不应该。于是，他也把自家的墙拆掉，退后三尺。这样两家之间就有了一条六尺小巷，众人都称这是仁义巷。

助人就是天堂

人们对天堂和地狱缺少了解，谈论起来各抒己见，但都很真诚。

人们的诚心感动了"天神"，"天神"带领大伙去旅游。

大伙来到了一个地方。一间屋子正中摆着一口锅。锅里是满满一锅肉汤。锅旁的人很多，每人有一把勺子，只是勺把太长，长得拿在手中无法将肉汤送入自己的口中。人们看着肉汤直流口水，抓耳挠腮团团转，饥肠辘辘却吃不到，一个个脸色难看，愁眉不展。

"天神"告诉来旅游的人，这里是地狱。

说着又领大伙往前走，来到了另一间房子。这里和地狱的设置一模一样，房间正中摆着一口锅，锅里是满满的肉汤。锅旁的人很多，每人一把拿在手中而又无法将肉汤送进嘴里的勺子。可是这里的人一个个红光满面，谈笑风生，有人还唱着歌呢！仔细看时，原来这里的人都用手里的长把勺去喂对面的人，别人吃饱了，自己也吃饱了。

"天神"说，这里是天堂。

人们明白了，天堂和地狱只有一点不同，地狱的人只顾自己，自己得不到，别人也得不到。天堂的人互相帮助，别人得到了，自己也得到了。

这是一则寓言故事，情节简单，说理明白：团结互助，就能够创造和谐生活的环境，就能够到达快乐的天堂。

低价卖出去的房屋

这个故事听了你可能不信,但却是一件生活中的真事。

有位孤独的老人,体弱多病,无儿无女,没人照顾,他决定卖了房屋住到养老院去。

这个消息一传出,上门的人就络绎不绝。人们是冲着他那房屋来的。那屋子的确不错,向阳安静,又有个花木葱茏的小院。房价从10万元往上一路飙升,很快高达20万元了。可是,老人始终没有同意。有人甚至觉得老人有些贪财了,没想到,就在这时,老人终于点头拍板了,而房价竟然只有1万元!

所有听到这件事的人都感到惊奇,大惑不解。

其实,知道了内幕,你就会明白了。买走老人房屋的是个年轻人。年轻人走进房屋时轻声细语,显然底气不足。老人对他说,房价已高达20万元了。年轻人停了停,低声对老人说:

"如果您相信我的话,就请您收下这1万元,而且,从今以后您仍然生活在这里,像往常一样自在生活,孤独时我来陪伴您说说话,身体不适,我领您去看病。我保证让您度过一个幸福的晚年。"

一直深陷在沙发中的老人,眼中闪出了亮光,他站起来,一把握住年轻人的手,答应了他的请求。这才是老人最向往的。他不需要钱,而是需要一个能够颐养身心的生活环境。

就这样,20万元没法买走的房屋,1万元买走了。和谐的吸引力是何等大啊!当然,年轻人会作出这样的承诺,是因为他有爱心。人世间太需要这种仁爱了,有首歌中唱道:"只要人人都献出一点爱,世界就会变成美好的人间。"你说对吗?

冷落者的惊喜

和谐,还必须关爱弱者。

这是班上的一次元旦联欢晚会。晚会上又歌又舞,同学们热血沸腾。歌过了,舞过了,大伙兴致未尽,于是,有人提议每个人往上递张纸条,写上自己喜欢的同学,还要说明喜欢的原因。当然,纸条上不必写本人的名字。这个提议有些邪乎,还有些刺激,同学们鼓掌通过。

纸条一张张递上去了,主持人一张张宣读:

我喜欢张洁,长得眉清目秀,而且能言善辩……

我赞美王芳,身材匀称,眼睛就像葡萄一样水灵灵的……

我佩服李春笋,她朗读课文就如同百灵鸟在歌唱……

……

哎呀!真没想到会是这般诗情画意,被提名的同学越来越多,有的数次被提到,简直要激动万分了。

可是,有一位女同学的头越来越低了。她叫肖晓,她知道自己长得不怎么样,功课也一般,不会被人喜欢的,此刻她难受极了。她的表情进入了一双眼睛,那双亮眼忽闪了一下,写出一张纸条。

肖晓正郁闷地低着头,忽然主持人说到了她的名字:"我喜欢肖晓,她总是默默无闻地学习,我想她会于无声处听惊雷,一鸣惊人!"

从此，性格孤僻的肖晓像换了一个人，喜欢言谈了，和同学们日渐融洽，学习成绩也大有长进。毕业典礼上，她含着泪说："我喜欢这个和谐的班集体，是集体的温暖改变了我的性格……"

其实，到现在她还不知道，那个写给她纸条的人不是喜欢她，而是怜悯她，关爱她，他是班长。他的一双亮眼像迷人的骄阳，照到了最需要温暖的角落。

和谐，是人人向往的。

和谐，才能生活得舒适，生活得愉快。

和谐何来？和谐是付出后的收获。没有付出，只想收获，是不可能达到和谐的。

追求和谐的付出其实很简单，不需要花钱，只需要既为自己着想，也为他人着想。心中时刻有别人，就不会损人利己。人人都不损人利己，社会就会平和。若是人人都愿为别人献出一点爱，那和谐就会处处存在，时时相伴。

价值取向编

"自由、平等、公正、法治",是对美好社会的生动表述,也是从社会层面对社会主义核心价值观基本理念的凝练。它反映了中国特色社会主义的基本属性。

自由是指人的意志自由、存在和发展的自由,是人类社会的美好向往,也是信仰马克思主义的人追求的社会价值目标。平等指的是公民在法律面前一律平等。它要求尊重和保障人权,人人依法享有平等参与、平等发展的权利。公正即社会公平和正义,它以人的解放、人的自由平等权利的获得为前提,是国家、社会的根本价值理念。法治是治国理政的基本方式,依法治国是社会主义民主政治的基本要求。它通过法制建设来维护和保障公民的根本利益,是实现自由平等、公平正义的制度保证。

显然,"自由、平等、公正、法治"是社会发展的目标,也是为每一个人提供的良好生活环境。如何面对这种环境?如何在这种良好环境中提升自我,发展自我,这是我们每个人都必须交出的答卷。

自由篇

自由,是一个文明国度公民应该享受的权利。这等于说,衡量一个国家的政治品格如何,公民有没有自由不是小事。

如果准确理解自由,词典上的解释包含三种意思:不受约束,不受限制是一层意思;第二层意思则是在法律规定的范围内,随自己的意志活动的权利;再一层意思属于哲学范畴,把认识了的事物发展规律运用到实践中去。

可见,自由不等于没有约束,自由的行使要遵循一定的规范。孙中山也说过:"一个人的自由,以不侵犯他人的自由为范围,才是真自由。如果侵犯了他人的范围,便是不自由。"由此思考,不受约束、不受限制的自由是没有的。谁拥有这种自由,谁就会违法乱纪。

原来,个人的自由是相对的,不是绝对的。

既然如此,我们如何享受国家、集体,乃至家庭赐予的相对自由?

前人的故事,为我们树立了榜样。

隔墙听课的自由

贾逵,是东汉时期著名的经学家、天文学家。

他学识渊博,通古达今,为人称道。他的学问不是与生俱来的,而是勤学得来的。

他出身贫寒，童年时父亲贾徽外出求学，家里日子非常清苦，没有人教他读书识字。5岁那年，他和姐姐在院里玩耍，听见附近的私塾传来了一阵阵读书声，他拉着姐姐去看。私塾院外有一圈篱笆，他个子小，正好挡住了他的视线，姐姐抱着他往里一看，是先生在教孩子读书，他喜欢极了，一直听到私塾散学。姐姐见他喜欢学习，每天抱着他去听课。姐姐若是有事，他就一个人去听讲，趴在篱笆上，一听就是一个上午。刮风下雨，从不间断，小小年纪，恒心十足。

这就该说自由这个话题了。贾逵家庭贫穷，没有进入私塾学习的权利，但是，却为自己争取到了隔墙听课的自由。他很好运用了自己的自由。

10岁这年，父亲求学回来了。他发现儿子学了不少知识，能背很多经书，大为惊讶！从此，他便指导儿子学习。没有书写的材料，贾逵剥下庭中的桑树皮作书写材料，对照教材边诵读，边默写。桑树皮用完了，就在门上、墙壁上写字。写熟了，记住了，涂掉重新写。

20岁时，贾逵博学多识，已经可以为《左传》《国语》写注释。他坚持努力，成为一名治国安民的大臣，并编著了《国语解诂》《春秋左氏传解诂》等图书。贾逵利用自由权塑造了自己，成就了自己。

警枕自律促读书

这个故事要说的是司马光。

司马光是《资治通鉴》的主编，又在北宋出任过宰相，名气很大。不过，因为世间广为流传着司马光砸缸救友的故事，人们也就以为他是位天才，他的知识好像是天生赋予的。其实不然，他也是刻苦学习得来的。

一般艰苦奋斗的人多是因为家境贫寒，不奋斗很难摆脱困境。司马光却大为不同，他出身官宦家庭，从小有优越的生活条件，但是，他不图轻松，不求享受，主动吃苦，精神更为可嘉。主动吃苦，就是最好的自律。别人吃苦是由于家庭背景不好，没有办法。他吃苦却是放弃享受，自寻苦吃。

他如何主动吃苦？司马光小时候和兄弟们一起学习，人家一学就会，他却总记不住。兄弟们出去玩耍了，他关上门窗朗读背诵，直到完全记住了才肯休息。玩耍是他的自由权，但是，他很有节制地使用了这种自由。久而久之，养成了良好的习惯。长大后骑马赶路，上床入睡前，他都要默诵和思考，这样贯通了古今知识。

最让人可敬的是，他居官后不享富贵，继续求知，充实自己。他的卧具是一张木板床、一个小圆木枕头。木板床硬邦邦的，圆木枕头也硬邦邦的，这样睡觉容易醒来，醒来就可以读书。司马光把这个小圆木枕头称为"警枕"。这个警枕可以说是他自律的产物。

长期苦读勤学，使司马光知识渊博，眼界开阔，为编纂《资治通鉴》打好了基础。

西行取经求佛律

狂风大作，飞沙走石，熟悉沙漠路径的骆驼立即伏在地上，他慌忙倒下身去，紧依骆驼，卧体藏头。呼呼的风沙喧闹了好半天，方才见小。他抬起头，抖抖沙，牵起骆驼继续赶路。

高山挺拔，山路险峻。正行间，一道深沟挡住了去路，沟上悬着一条绳索。要前行，必须从绳索上爬过去。绳索下是万丈深渊，稍有不慎，摔下去便会粉身碎骨。他重整行囊，将其缚在背上，缠紧腰带，小心翼翼地从绳索上爬了过去。

这是行走在西行取经的路上的一幕，取经的人名叫法显，平阳武阳人。小时候由于体弱多病，3岁便寄养在寺中，长大后顺理成章当上和尚。和尚是出家人，何必冒这么大的风险去取经书？

原来，法显是要求去学习佛律。他所处的东晋时期，社会混乱，佛界也混乱。那时佛经不少，但缺少戒律，不少僧人勾结官府和劣绅为非作歹，祸国殃民。法显目睹此情，决心西行取经，翻译戒律，拯救佛教，也拯救乱世。这一年，他65岁高龄了，住持、僧众都劝他别去，但是他打定主意，志在必行。

东晋隆安三年（399年），法显踏上西行之路。他从长安出发，穿大漠，跨戈壁，翻群山，战恶兽，历经千难万险，终于到达天竺。他遍访寺院，获得不少佛教戒律后，泛舟南下，经狮子国，渡印度洋，到达东南亚，归途他绕行南海、东海。他历时14年，游历30余国，携带着很多梵本佛经，从山东青州登陆，回到了祖国。

回国后，法显埋头译经著书，共译出经律6部，63卷，100多万字，成为中国古代杰出的翻译家。80岁高龄时，他根据沿途见闻，写成《佛国记》一书。他是中国第一位到海外取经求法的大师，杰出的旅行家和翻译家，也是中国横穿中亚、南亚大陆，并经南洋海路归国的第一人。艰难困苦成就了他，他的名字永载史册。

出家是为了自由，自由的出家人却要寻找佛律，这足以说明，有了纪律规范行为，才能更好地使用自由。

监狱里的自由

我一生坎坷，从没有低过头，因为我想做一个好人，做个有用的人。我对待苦难一笑了之。我能有今天完全是苦难促成。我感谢苦难，感谢生活。

这是一位画家的话。他叫韩美林，被人誉为东方的毕加索。

韩美林曾被迫害入狱，长达4年7个月，弄得他妻离子散。在狱中，他被打折了腿，被勒断了筋，3根手指头也被撅断。然而，暴力只能摧残他的肉体，却改变不了他的志向。他酷爱艺术，尤其喜爱绘画，身陷牢笼仍然没有停止自己的追求。

没有画布，他就在自己的裤子上作画，画来画去，裤子画破了，他就另找块布贴上去继续画。他没有布了，狱友扯下一块布，送给他，他贴在裤子上埋头又画。4年牢狱，他在裤子上画破了400多块补丁。就是这些补丁画提高了他，锻炼了他。出狱后，他一举成名，成为名扬海内外的大画家！

在我看来，监狱里是没有自由的。然而，韩美林在这没有自由的地方寻找到了自己的自由，并且成就了他。

借用别人的自由

聂耳是一位音乐家，他创作的《义勇军进行曲》就是我们今天的《国歌》。

小时候，聂耳有一定的音乐天分，对声音的辨别和模仿能力很强。他学鸡鸭鹅的鸣叫，能够以假乱真。那些众人嘴里的民间小调，他一听就会，随口就能唱出来。

距聂耳家不远有家小木器店，主人姓邱，人称邱师傅。邱师傅是个能人，木活做得极为精巧，还会拉二胡、弹月琴、吹笛子。这天傍晚，响起了一阵悠扬的笛声，聂耳听得入迷了，不知不觉走进了木器店。

一曲吹完，邱师傅看见面前站着个怯生生的孩子。这就是聂耳。他想让邱师傅教他吹笛子，然而，教和不教都是邱师傅的自由。如何能让邱师傅乐意教呢？只见聂耳恭恭敬敬鞠个躬，认真地说：

"师傅，我帮您做工，您教我吹笛子行吗？"

邱师傅看看这个天真的孩童，爽快地答应了他。从此，邱师傅身边多了一位小帮手，聂耳给他递刨子、拿锯子、扫屋子，非常勤快。歇下手来，邱师傅便教给他吹笛子。聂耳用自己的勤劳打动了邱师傅，借到了他的自由。

吹着，吹着，聂耳口里有了悠扬的曲调。接着，他又请邱师傅教给他二胡、月琴，一有空儿，他便练习。上学后，他吹拉弹唱样样都会，同学们称他是个小音乐家！

自由不是自作聪明

自由不是自作聪明，更不能用别人的缺陷逗趣。否则，自己就有尝不完的苦果。我们再来讲个故事。

故事是《聪明的猩猩》。不过，猩猩不算聪明，和猩猩逗趣的人才算聪明。没想到聪明的人却被猩猩幽默了一把，于是，才有了聪明的猩猩。

有个人在动物园里看猩猩。他向猩猩敬礼，猩猩向他敬个礼；他向猩猩作揖，猩猩向他作个揖；他对猩猩鼓掌，猩猩也对他鼓掌。他觉得猩猩很好玩，就想捉弄猩猩，便向猩猩眨眨眼，原想猩猩也会眨眨眼，哪料，猩猩没有眨眼，却挥臂打了他一个巴掌。这人很生气，便去向驯兽员诉苦。驯兽员告诉他，在猩猩那里，眨眨眼等于骂傻帽。

听了驯兽员的话，这人决计要报复一下猩猩。第二日，他又来到了动物园。他向猩猩敬礼，猩猩向他敬个礼；他向猩猩作揖，猩猩向他作个揖；他对猩猩鼓掌，猩猩也对他鼓掌。接着，他伸手打了自己一个耳光，当然，他打得很轻，他希望看到的是猩猩重重地打自己一个耳光。他目不转睛地盯着猩猩，却只看见猩猩很轻蔑地眨了眨眼睛。

这人愣住了！

自作聪明，捉弄在他看来不需要尊重的猩猩，没有想到受捉弄的不是猩猩，反而是自己。不只对动物，对人也是一样。即使你很聪明，也不能滥用聪明。

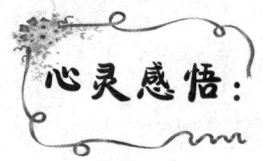

对于一个人来说，最宝贵的莫过于自由。

对于一个国家来说，最宝贵的莫过于赐予人们自由，并呵护这种自由。

当然，拥有自由的人要认识自由的贵重，珍视自由，爱护自由，使用好自由。所以说，使用好自由就是要有节制地使用自由。这也就是古人所说的"有所为，有所不为"。

千万，千万，不要等失去自由，再怀念自由，渴望自由。

平等篇

平等是人类追求的目标。

人猿相揖别，人类就在追求平等这个目标，至今仍在追求。

人和人在追求，家和家在追求，国和国在追求。因为平等里面有利益分配，有权力支配。

平等，就是取消差别，享受一样的待遇。

当然，现实社会在物质上的分配和使用上取消差别是不现实的。但是，在精神和人格上的平等却应该是没有争议的。

每一个人应该争取人格的平等。

每一个国家应该争取国际地位的平等。

换言之，拥有权力和财富的人，应该平等待人。大而化之，发达国家也应平等对待发展中国家，也应平等对待弱小国家。

晏子的故事

说到平等，晏子是个耐人寻味的人物。

晏子使楚的故事众所周知。晏子是春秋时齐国大夫，代表齐国出使楚国，可由于个子矮小，楚国很轻视他，想借机羞辱他。

他来到楚国都城，大门紧闭，只在旁边开了个小洞，让晏子弯腰低头钻进去。晏子没钻，却说："出使狗国只得钻狗洞。"慌得楚人连忙打开大门。

在国事交往中，晏子追求平等，维护了自己的尊严，更重要的是维护了国家的尊严。

可是智者千虑也有一失，晏子也有失礼的时候。

越石父是一个贵族家中的奴隶。晏子花钱赎他出来，带他到自己家中。他们坐着马车到了门口，晏子跳下车去，独自进了内室。越石父下车后不进晏家，要远走他处。车夫拦住，忙告知晏子。晏子不解地问：

"你是人家的奴隶，我和你非亲非故，把你赎出来，你为什么要离开我？"

越石父回答："我认为，在俗人那里受委屈很正常，对高人就应要求高些。一个高人不应有恩于人就看不起人。我给那人当奴隶，那个人行为低下，他不尊重我，我不必和他一般见识。如今，你赎我出来，我认为你是个高人，上车你不给我让座，下车却又扔下我扬长而去。你对我和那个人没什么两样，同是当奴隶，在哪里不一样，又何必非在你家？"

越石父懂得平等，追求平等，一席话说得晏子频频点头。他惭愧地说："先前我只看到你的外表，现在我看到你纯洁的内心了。我愿意诚心诚意痛改前非，你能原谅我的过错？"

晏子叫人把厅堂打扫干净，按礼仪平等地招待越石父。

晏子虽然有不周之处，但他能够知错就改，也是位明礼的前贤。从这个故事我们看到，平等不仅在国事交往中需要，在人和人相处中也很重要。所以，每个人既应该有追求平等的权利，也应该养成平等待人的习惯。

蔺相如为国求平等

蔺相如，想大家都不陌生吧，历史上有关他的两个故事其实都是为了维护国家的平等。

第一个故事是完璧归赵。这要从赵惠文王得到和氏璧说起。秦昭襄王听说赵王得到和氏璧，就来信要用15座城市换这块宝玉。这可难住了赵王。不给，秦强赵弱，惹不起；要给，明明知道秦王不会给15座城市，只能是拱手相送。怎么办？后来，蔺相如临危受命，携带和氏璧出使秦国。

秦王在章台宫接见蔺相如，拿过和氏璧欣喜异常，反复玩赏，还送给后宫美人玩赏。早忘了蔺相如，自然闭口不提割让城市的事情。见状，蔺相如对秦王说，"和氏璧有点瑕疵，我指给你看。"接过宝玉，他双手握紧，连退数步，靠近殿中的一根柱子，声色俱厉地说："大王去信要这块美玉，赵国文武大臣都不主张给您，认为您贪婪无度，又十分蛮横，不会给15座城市。我则对他们说，秦王不会为一块玉石而影响自己的声誉吧！于是，赵王斋戒5日，郑重将和氏璧交给我献予大王。没想到大王真的不讲信义，那我只好和这块美玉一块撞碎在柱子上。"

秦王怕他撞碎美玉，连声道歉。当即摊开地图，指划割让的城市。蔺相如却要他斋戒5日，方才交给。5日后，秦王斋戒完再次索要美玉，岂料蔺相如怕他再食言，早就派人将美玉送回了赵国。

这就是完璧归赵的故事。蔺相如用胆识和智慧维护了国家的尊严。由于蔺相如立了大功，赵惠文王提拔他为上大夫。

时隔3年,秦王派使者请赵王去渑池参加盟会。赵王害怕,不敢去。大将廉颇说,君王若是不去,各国都认为赵国弱小,对我们不利。

赵王只好硬着头皮前去,好在身边跟着蔺相如,多少壮些胆子。到了会上,秦王同赵王饮酒,喝了几杯,乘着酒兴,秦王说赵王精通音乐,请他弹奏一曲。

赵王不好意思违拗秦王,就弹奏了一曲。秦国的史官马上记下了此事:某年某月某日,秦王命赵王弹琴。

这显然是有意侮辱赵王。蔺相如走上前去,端起一个瓦缶要秦王敲打。秦王不肯,蔺相如怒声呵斥:"大王若是不敲,我的颈血马上会溅在你身上!"

秦王迫不得已,只好轻声敲了一下。蔺相如立即回头告诉赵国的史官:"请记下,某年某月某日,秦王为赵王击缶。"

蔺相如在关键时刻维护了赵王的尊严,也维护了赵国的尊严。这尊严其实就是平等,蔺相如用行动告诉秦昭襄王,赵国和秦国地位是平等的,休想歧视我们!

搬来搬去的砖块

下面讲个平等待人的故事。

这个故事发生在大饥荒的年代。连续几年歉收,人们都吃不饱肚子,时常挨饿。村里唯有一户人家还能填饱肚子,就是磨爷家。

磨爷一家只有两口人,磨爷和磨奶。磨爷腿瘸着,娶磨奶是很晚的事了,因而,膝下没有子女。谁也没有想到,磨爷家的光景会成为众人眼热的好光景。守着小磨,每日敲敲面箩,扫扫磨道,就够吃了。所以,隔三岔五便有人到磨坊里讨饭吃。

这日,来了一位小伙子,他说已经两天没吃东西了。磨爷先给了他一块馒头,然后留他吃午饭,并对他说:

"我这儿有堆砖,请帮我移到磨后去。"

小伙子吃完馒头,便大干起来,午饭前把砖搬完了,然后吃饱喝足,高兴地走了。

又过一日,来了一位比上次那个小伙子还小的小伙子。磨爷先给了他一块馒头,然后留他吃午饭,并对他说:

"我这儿有堆砖,请帮我移到磨前去。"

小伙子吃完馒头,便大干起来,午饭前把砖搬完了,然后吃饱喝足,高兴地走了。

就这样,这堆砖搬前搬后不知摆弄了多少遍。有人不解,问磨爷。磨爷说:"我不能让他们觉得是要饭,那样他们会很没脸面。干点活儿,挣顿饭,是理所当然的。"

众人这才明白,磨爷有颗金子般的心。这颗心不仅乐善好施,而且乐善会施,施舍给人,还维护了他的人格。这不就是平等待人吗?

砌墙的人们

人们都在追求平等,可如何才能平等呢?下面这则故事或许会对你有所启示。

记者去建筑工地上采访，碰见几个工人砌墙。记者问他们："你们在干什么？"

甲说："砌墙。"

乙说："建楼房。"

丙说："我们在建设一座新的城市。"

记者记下了他们关于一件事的三种不同说法。

过了10年，记者想起了这件事。于是，去追踪调查这3位建筑工人。

甲是在建筑工地找到的，他仍然在砌墙，只是换了一个又一个工地。

乙是在设计室见到的，他正在设计一座新的楼房。他已成为当地颇有名望的建筑设计师。

唯有丙难见到，他很忙，走上了领导岗位，他已是主管这座城市的市长。

这个故事结束了，你看从平等出发的3个人，走着走着，就不平等了。原因何在？在于自身。俗话说，开口见人心。每个人的语言都是思想感情的流露。3个人，3种说法，表现了3种思维方式。不同的思维方式，导致了不同的人生前程。一目了然，丙的人生前程最为引人注目，由此深思，不难看出，他在建筑工地砌墙的时候，心中就有远大的奋斗目标，他把眼前工作和长远事业结合起来去对待，从而获得了自己想要的成功。平等靠什么？靠自己。

不可丢弃的名片

她是一位保险业务员。

职业决定了她要在千家万户奔波,还少不了看人的白眼冷脸。这一天,她走进一家大企业,递上名片,说明来意,经理毫无表情地告诉她:"企业不办保险。"她还想说什么,经理却挥手示意要她走了。

她转身出门,无意间回头,发现那位经理将她的名片丢进了废纸篓。一股不平之气,陡然升起。她明白做保险业务辛苦,是上门寻求客户,可是,保险业是一个共同抵御社会风险的事业,保险员不是乞丐呀!想到这里,她不走了,转身回到经理身边。

她对经理说:"如果你暂时不想投保,我想要回我的名片。"

经理怔住了,但转眼又说:"对不起,刚才弄脏了名片,还你不好看。"

她说:"没关系,脏也还我。"

经理连忙为自己找台阶:"这样好吗?印刷一张名片需要多少钱?"

说着,递过一元钱,又说:"这够吗?"

她明白了经理是赔钱,毫不客气地接过钱,又递给他一张名片,然后告诉他:"一张名片只要5毛钱,我没有零钱找给你,只好再给你一张名片,请您看清我的名字和职业,这是不宜进废纸篓的。"

说完,她一身正气地走出了门。她为什么会一身正气?是她认为经理和自己在人格上是平等的,不应该将自己的名片丢进废纸篓。

第二天一早,当她又在风尘仆仆地奔波时,手机响了,是那位经理打来的,决定给全体人员投保。

她靠自尊赢得了尊重。有些事情就是这样,你有自尊心,别人就不会轻视你,忽略你,就会将你和你所承担的事情摆在平等的位置看待。要是你自己信心不足,缺乏自尊、自信,那可能面临的只有失败。自尊,是平等的前提,请你记牢。

戴帽子的班集体

你可能认为这是个奇怪的班级，为什么都戴帽子呢？

听完了这个故事，你就不奇怪了。

小英病了，病得很重，身体虽然康复了，可是头发却落光了。不要说女同学，就是青春年华的男生，失去了一头黑发，也是让人沮丧的事情呀！

妈妈对小英说："该上学了。"

小英点点头，但还是不敢走不出家门。

老师来看望小英，希望她上学。小英点点头，但始终发愁如何进校门。

妈妈给小英戴上了一顶帽子，她怯怯地答应，下周一上学。

转眼星期一到了，妈妈领着小英向学校走去。一路上，小英总是想着头上的帽子。那顶帽子是遮住了光头，可是，也招人眼光呀！在校园里走动，谁也不戴帽子，唯有自己戴着，不是更让同学猜疑、耻笑吗？

她走得很慢，步子轻轻的，怯怯的，去学校的路不长，她却像是走长征路，历经了万水千山。

可是，就在推开教室门的刹那间，小英笑了，笑得轻松自在，好长时间的忧虑笑散了。她看见，同学们头上都戴着帽子，走进那五花八门的帽子中，自己一点也不显眼，一点也不怪。小英感动了，她含着眼泪向同学们深深地鞠躬。

原来，班主任老师将小英的状况告诉了同学们，同学们都很同情她，想帮助她渡过难关，有人提议最好的方法就是大家都戴上帽子，大伙都同意了。就这样，周一到校时他们成了帽子班级。这种帮法就是平等，大家都和小英一样，就没有人会歧视她。

如今，小英长大了，工作了，每当她回忆起当年的往事，仍然热泪盈眶。她说，许多往事都可以忘记，唯有老师和同学对自己的那种关爱永远永远不会忘记!

平等很难，人们从古代一直追求到了今天。

平等不难，稍加留心人们就可以做到。

最好地做到不是刻意而为，而是随心所欲，自然而然的。这就必须使平等待人成为习惯。

习惯何来？

修炼而来。古人说，修身、齐家、治国、平天下，把修身摆在首位。修身，就是从小事做起，从平时做起，日积月累，逐渐改变自己。渐渐平等待人就会成为习惯。

公正篇

公正是家庭和睦的保证。

公正是集体和谐的保证。

公正是国家安定的保证。

道理不深奥，做到却不容易。公正的关键在于要把事情处理公平。可处理事情的是人，人是有感情的，感情有近有远，关系有薄有厚。这就导致处理事情时难以一碗水端平。因而，古人说"不患贫，患不均"。不均，就是不公。不公正就会激起人的不满情绪，这就是不和睦、不平稳的原因。

重视公正，创造公正，让公正像春风一样抵达每一个角落。

公正的呼声

公正的呼声发出的很早，早到了上古时期。

我是从獬羊断案的故事里听到这呼声的。

獬羊是皋陶的得力助手。这个助手不是人，而是只羊，却是只比人还聪明的羊。因为它是只神羊，名为獬羊，也称獬豸。獬羊出生于现今的洪洞县。那时这个村子叫周府，有户人家的羊产下一只独角的怪羊。初时，别家都歧视这只独角羊，哪知长大后独角羊却不得了。村里哪里有纷争，这羊就跑去了，哪个人没理，胡搅蛮缠，这羊就会用它那独角撞击此人。直到这人自知理屈，不再胡闹。

久而久之，村里再没有人敢寻衅闹事。众人都说神羊安定了村风。村里人和睦相处，神羊没了用处。众人想到了在朝中主管刑律的皋陶，若是神羊到了他那里，岂不是可以为国分辨忠奸吗？这神羊的用处岂不更大了吗？

众人之所以能想到皋陶，是因为皋陶是他们的老乡。从周府村往北行走三五里路有个村庄，名叫士师村，据说这就是皋陶故里。众人把独角羊献给了皋陶。皋陶得到神羊，审断案件，处理争讼，简直如虎添翼。虽然，这充其量只能是个传说，可是，《论衡·是应篇》却将其记载了进去。古代执法官吏戴的帽子就称作獬豸冠。

为啥一个故事能和法律这么紧密地联系在一起？还不是因为獬羊不带感情，执法不偏不倚，非常公正呀！缘此，我以为獬羊断案的故事，就是人们对公正的呼唤。

公正的帝尧

帝尧应该说是公正理事的典范。别的不说，仅就禅让帝位来看，他就十分公正。

他没有将帝位传给儿子丹朱，而是让给了贤人虞舜。从不少史料可以看到，帝尧的位置是继承其兄长帝挚的，帝挚的帝位是继承其父亲帝喾的，也就是说他们的帝位都是从血亲中传承的，而帝尧却将帝位禅让给了非血亲的虞舜。帝尧将位置传给长子丹朱是合乎情理的事，何必要禅让？而且，大臣们也同意子承父业，《尚书·尧典》记下了这个故事：

尧问："谁可顺应天理，继承帝位？"

放齐回答："你的儿子丹朱开明通达。"

尧说："丹朱生性顽劣，又好争斗，不可任用。"

就这样，帝尧将帝位禅让给了贤人舜。为什么这样做？帝尧说："终不以天下之病而利一人。"

原来这是帝尧权衡利弊得出的结论。他想，若是将帝位传授给舜，那么天下人得利而丹朱一人不满意；若是将帝位传授给丹朱，那么丹朱得利而天下人受害。所以，总不能让天下人受害而让一人得利吧！这真是的一声天下为公的浩叹！

这就是公正。

帝尧办事公正，才将天下治理得国泰民安。

大公无私的祁黄羊

怎么样保证办事公正？关键是抑制私心。我们听个祁黄羊的故事。晋悼公时，晋国中军尉祁奚年迈退休。晋悼公问他谁可以接替他的职务？

祁奚回答："解狐。"

晋悼公听了惊讶地问："解狐是你的仇人，你怎么推荐他？"

祁黄羊说："您是问我谁担任中军尉合适，而没有说我的仇人不行呀！"

晋悼公非常敬佩祁黄羊的公正无私，即命解狐赴任。不料，命令刚颁，解狐却急病身亡。悼公又让祁奚推荐人选，祁黄羊推荐了他的儿子祁午。

晋悼公问："祁午是你的儿子，你不怕别人说闲话？"

祁黄羊说："您是问我谁担任中军尉合适，并没有说我的儿子不行呀！"

晋悼公更为敬慕祁黄羊的耿直，即任命祁午接替父亲的职务。果然，祁午不负父望，精心治军，40年没有出过差错。

孔子闻知感动地说："祁黄羊对外不排除仇人，对内不回避亲子，真是大公无私啊！"

从这个故事我们可以看出，祁黄羊是个诚实公正的好大夫，要放到现在就是可以信任的好干部。不过，做到这一点并不容易，尤其是能推荐自己的仇人任职就更不容易，若不去掉私心，以国家的利益为重，便不可能做到。孔子评价得好：大公无私。看来，要办事公正，必须先做到大公无私。

族亲同样要守法

故事发生在春秋时期的楚国。

有一天，廷理逮捕了一名犯人，那人如实招供，然后恳求说：

"小人有罪，请按律处治，只是别让令尹知道。"

令尹名叫子文，是国中大臣。廷理听了犯人的话，一追问，了解到他是令尹的族亲。族亲官大，廷理怕他几分，一抬手送个人情把他放了。

过了些日子，子文听到了这件事，马上召来廷理核对事实。廷理满心欢喜，以为令尹会好好谢他，喜滋滋地来了。

令尹问："你审理过我一个族人？"

廷理讨好地回答："是的，大人，我早将他放了。"

令尹又问："为啥放呢？"

廷理得意地答："他是大人的族亲呀！"

子文听了，马上责备他："你担任廷理就应秉公执法，怎么能因为他是我的亲戚就宽容他呢？如此下去，国家岂能安宁！"

廷理哑口无言，十分愧疚。

之后，子文派人找见那位族亲，把他交给廷理，廷理依法给予处治。如此公正执法，族亲也不宽容，其他人怎么还敢违法，社会怎能不和谐？

"四知"太守杨震

汉安帝时，杨震受任为东莱郡（辖今山东半岛大部）太守。赴任途中经过昌邑县，县令王密得知热情接待。王密在这里当县令是杨震举荐的。他和杨震认识时间不短，交往并不深，人家举荐他甚感意外，也就更为感恩戴德，念念不忘。自上任以来，总想找个机会报答他。杨震途经此地，这真是难得的机会。

夜里，王密怀揣10斤黄金，悄悄来到杨震住处，双手敬上。杨震看到金子，笑问王密："咱俩也相识多年了，我很了解你，可你却不了解我。"

王密明白了杨震的意思,急忙声明金子是自家的,绝不是贪污受贿所得。他敬奉先生,以此表示一点心意。然后说:"现在深更半夜,根本不会有人知道。"

杨震没有接受,一字一句地说:"天知、地知、我知、你知,怎能说是无人知道!"

王密猛然清醒,惭愧地连声致歉,收起黄金。他深为敬佩杨震的品格,就将此事讲给别人,从此"四知"太守的故事不胫而走,风传海内。

杨震举荐王密完全出于公心,是认为他具有治理一个县的能力。绝不是贪图受贿,谋取私利,这样办事才是公正无私啊!

诸葛亮自贬

诸葛亮是三国时期蜀汉丞相。他是一位政治家和军事家,尤其在小说《三国演义》中,他成了智慧的化身。其实,诸葛亮不光是一位智者,也是一位公正无私的典范。

建兴六年(228年),诸葛亮第一次兵出祁山,北伐中原,任命马谡为前锋。马谡好谈军事兵法,开口滔滔不绝。蜀主刘备觉得他华而不实,因此,临终前曾对诸葛亮说:"马谡言过其实,不可大用。"诸葛亮却没有在意,仍然任他当先锋。马谡驻守街亭,不按诸葛亮计谋行事,又不听副将王平劝阻,弃城不守,舍水上山。结果,被魏将打败。马谡失误,蜀军失利,第一次北伐告败。

退回汉中后，诸葛亮严肃追查了战斗失利的责任，挥泪斩了马谡。事情并没有就此罢休，诸葛亮又上书给后主刘禅，恳请朝廷处分自己。他明确写道："请自贬三等"，以警示臣民。

由此可以看出，诸葛亮品德多么高尚。他深刻检查错误，主动要求降职。这就是公正，不能因为自己高人一等，有了失误就免去处分。后主刘禅只好贬诸葛亮为右将军，行丞相事，仍然总理军事。

诸葛亮的自贬没有损伤威信，反而威信更高了。看来，公正无私必须严于律己，甚至公然检讨自己的过失，这不但不会贬损自己，反而更能证明自己品行高超。

陈寿如实写历史

陈寿是《三国志》的作者。

有一天，他正在写《诸葛亮传》，表叔来了。看了他写下的题目，告诉了一件旧事。陈寿的父亲原来是一位将领。因为处事不当，受到诸葛亮的严厉处罚。受到打击后，萎靡不振，郁郁寡欢，经常生病，不久就去世了。表叔说完后，劝他不要为诸葛亮歌功颂德。表叔的话确实触动了陈寿，原来父亲之死诸葛亮有直接责任呀！他敬爱父亲，真想将此篇略去不写。又一想，诸葛亮处罚父亲是按军法行事，没有过头之举呀！他不仅这样处罚别人，对自己的过失也毫不迁就。失了街亭，挥泪斩了马谡，并没完事，而是严格自责，将自己连降三级。这么一想，他觉得诸葛亮全心扶主，公正执法，是一位忠臣。于是，他打消了私念，客观公正记叙了历史，写成了《诸葛亮传》。

李世民罪己

在中国历史上，有个社会风气很好的时期。人们说，那时夜不闭户，道不拾遗。就是说，晚上睡觉可以不关门，路上丢了东西没人捡为己有。还有人说，那时出现了"空狱"现象，也就是监狱里没有犯人了。

那是唐朝贞观年间，史称贞观之治。

唐朝出现国泰民安的景象，是因为民众道德风尚好。民众道德风尚好，是因为皇帝办事公正。

那时的皇帝是李世民，他善于纳谏，善于思过改错。有一次，大将党仁弘贪污了钱财，被大理寺判为死刑。李世民认为，党仁弘作战有功，改为流放，从轻处理了。事后思之，李世民心里不安，认为自己不顾国家法律，从个人情感出发，办事失去公正，便上殿检讨：皇帝应该带头执行法律，一视同仁，执法不公正就会失信于民，因而自罚。

李世民的自罚是到京城南郊，住草房，吃素食，谢罪三日。

满朝文武官员很感动，也很吃惊，纷纷下跪劝阻，说国事繁忙，皇帝不可出宫离殿。李世民不答应，大家不起来，只好改为降诏罪己。他当即拿笔写下诏书：

我在处理党仁弘上，有三大过错：一是知人不明，错用了；二是以私乱法，包庇了；三是赏罚不明，违法了。

在朝廷读过，并向全国臣民公布。皇帝这么严于律己，力求公正，臣民心情舒畅，个个效仿，因而，那时政通人和，天下太平。

公生明，廉生威

明朝时，霍州有个很有名望的学正曹端，著名的官箴"公生明，廉生威"就是由他的话派生出来的。永乐二十二年（1424年），曹端的弟子郭晟科考中举，赴任前向他请教为官之道。他说："其公廉乎！古人云：吏不畏吾严，而畏吾廉。民不服吾能，而服吾公。公，则民不敢谩，廉，则吏不敢欺。"此话不胫而走，传至山东巡抚年富那里，将之提炼镌刻成碑，于是"公生明，廉生威"流传九州。及至当代，仍有人津津乐道，成为规诫官吏清廉为政的标尺。

曹端倡导公和廉，他自己身体力行。有一年，他受命去陕西主管乡试，对身边的人说："取士要公正。比如盖屋，用一朽木，必弃一良材。"话刚说过，就有人向他举荐一个平庸的人。举荐者是当地一位权势要员，按照惯例，主考大人不能不给他这个面子。举荐过后，他敬候佳音，岂料只候到曹端一首诗：

> 天道原是秉至公，
>
> 受天明命列人中。
>
> 论才若不以天道，
>
> 王法虽容天不容。

官员暗暗赞佩曹端的公正，只能作罢，不敢再讨没趣。

开除没商量

法纪制定后,能不能执行,全看执行者公正与否。

让我们听一则来自一所名牌大学的故事。

夜深了,一位学生仍然未眠,他在阅读一本书,故事写得太精彩,太迷人了。下午在图书馆一拿到它,他就爱不释手地读下去,读到要闭馆了,仍然兴味未尽,他只好将书本揣在怀里,悄悄拿回宿舍阅读。一连读了几天,书终于读完了,他也蓦然清醒了,意识到自己犯了错误。这是本图书馆的珍藏书,学校有明确规定,这种书只能在馆内阅读,谁带出去便要开除。然而,当这位同学痴迷其中时,竟然忘了校规,铸成大错。

事也凑巧,正在这位学生被错误搅得寝食难安时,突然,图书馆失火了,那些珍贵图书全部付之一炬。机会来了,由于这位同学的错误之举,而保存了一本珍贵的图书。这位同学转忧为喜,立即找到校长,兴奋地归还了此书。

校长看到书,对他表示感谢。

事情该到此结束了吧?没有。

校长下令开除了这位学生。

理由很简单,学校纪律是这么规定的。

那么,不能通融一下吗?正是他由于违规才保留下一本珍贵的图书呀!不能,纪律是铁定的,通融就会失去公正,不公正必然造成混乱。法纪第一,严守公正,这是学校的行事准则。

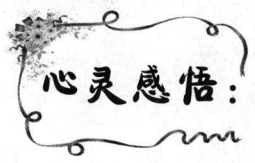

公正不难，历史上的先贤做得何等好啊！

公正很难，若不然我们为什么还要将公正再三呼唤？

公正很难，难就难在私欲作怪，膨胀的私欲迷乱了理智，将法律和纪律弃之一边，我行我素，岂还有公正的位置？

人们呼唤公正，是因为公正是社会正常秩序的保证。没有公正社会就会混乱，人人难以安宁。

人人需要安宁，人人需要公正。

这就需要人人克制私欲，事事出于公心，像先贤那样为人，那样处事。如此，公正就会像空气，像水分，无处不在。

法治篇

法纪是一条纽带,它维系着社会的安定祥和。

法纪是一根柱石,它支撑着人类的和谐发展。

遵纪守法,从古至今都是做人的准则。

遵纪守法,从古至今都是做人的信条。

目无法纪,就会为所欲为。为所欲为,社会就会陷入混乱。

今天,当我们进入社会发展的快车道,当我们每日每时都与财富打交道的时候,遵纪守法就显得尤其重要。

皋陶画地为牢

法律是社会秩序良好的保证。人人自觉守法,大家才能共享美好的社会环境。

中国的法律制度起始很早了,从夏代就开始了。

画地为牢的创始人据说是皋陶。他在尧时期任大理,大理就是那时的司法主管。

画地为牢是最简单的监狱,也就是在地上画一个圆圈,谁犯了过错,便站进其中反省思过。有故事传说,帝尧就因看见站在圆圈内思过的人而自责，认为自己没有把他教化好。当然，这是说帝尧道德高尚。而圆圈中的人是必须强制自责的，认识不到错误过失，没有痛改前非的决心，是不让出来的。

由画地为牢我们可以想到两方面，一是为了保证良好的社会秩序，我们的先祖很早就制定了法律，虽然尚很粗疏，很不完善，但是保证了正常的社会秩序；二是中国的最早法律是和道德融为一体的，试想，地上画一个圆圈，犯错的人一脚能跨进去，一脚也能踏出来，逃跑是很容易的事。他站在其中不出来，是知道自己错了，应该自责思过，所以，端立不出。这不就是道德约束吗？

守法其实也是一种美德，也就是自觉遵守法律，维护社会秩序。有了良好的社会环境，才能加快建设小康社会的步伐。

古老的象刑

如上所述，古老的监狱如同虚设。可是，却起了约束、教育、改造人的作用。

无独有偶，古老的刑罚也形同虚设，这就是尧时期的象刑。

象刑，顾名思义该是象征性的刑罚。为啥这么说？知道了象刑的内容就明白了这个意思。

象刑包括：墨刑、劓刑、宫刑、刖刑、大辟。

墨刑就是给犯人蒙上墨巾，等于在脸面和额头上刺字；劓刑就是给犯人戴上草梗编的帽子，表示割了他的鼻子；宫刑就是用苇草编成遮盖布，当短裤穿，表示去掉生殖器；刖刑就是让犯人穿麻布，表示砍去双脚；大辟就是让犯人穿无领的衣服，表示杀掉了头。

可以看出，这些象刑无损于人的肌肤，只是一种象征。那起什么作用呢？

有本书《唐律疏议》，其中说：画象以愧其心。愧其心，就是让犯错误的人有悔过感、羞耻心，明白过失，决心改正。

多数典籍上记载上古的象刑，都是说明帝尧仁爱子民的精神。不过从中也告诉我们，社会需要秩序，秩序要以法律为保证，法律要由人们去执行，去严守。而执行和严守的前提就在于教化人民要有道德良知，一个道德高尚的人是不会违法乱纪的。

因此，我们讲法治，也就要将法律意识形成道德标准，形成行为准则，这样，我们就会共享美好的生活环境和工作氛围。

晋国公开法律

法律公开是中国法制史上的一件大事。这不是晋国的首创，可是晋国却走在前面。

晋顷公十三年（前513年），晋国铸造了一个铭载刑法的铁鼎。这年冬天，率军在汝城修筑工事的赵鞅和荀寅，向民间征收了480斤铁，铸成了刑鼎。刑鼎上铸造的是"范宣子之法"。

那么，晋国的前几部法典是什么？

第一部法典是唐叔虞立国之初所授的法度。春秋时期当属奴隶社会，其时没有成文字的法律，王权至上，王命为法。晋国此时也一样，只是按照开国君主的旨意评判是非功过，使用久了算是法律，这可以视作习惯法。

如果一直依据这部法典，晋国很难发展壮大，更谈不到称霸。好在晋国有了第二部法典，即"执秩之法"。这部法典是晋文公主持制订的。他分析总结了晋国上百年分裂、内战、统一的过程，按照唐叔虞所授的法律，进行了适当改革。这部修明政治、施惠百姓、尊王攘夷的法律，促成了晋文公称霸。历学家称"执秩之法"，是晋国的第一次法治变革。这部法律是公元前633年，晋文公在被庐检阅军队时宣布的，也称"被庐之法"。

晋国的第三部法典是在"被庐之法"基础上修订完善的，主持修订的是赵盾。此法由太傅阳处父和大师贾佗实行，有利于保持晋国的霸主地位。这部法典不仅维护君主的利益，而且维护私家利益，也是社会的一大进步，又称"赵宣子之法"。

第四部法典就是"范武子之法"。这部法典是对"赵宣子之法"的继承和完善，又经过了晋悼公时期的修订，更为可行。因而，晋国铸造刑鼎，将法律公开，是一种进步。它打破了统治者专断法律、随意妄为的局面，对于开启民智、唤醒自我意识有一定的积极作用。

贾充制定晋律

晋律，不是晋国的刑律，而是西晋的刑律。这部刑律的完成在晋武帝泰始三年（267年），将政纪与法律区别开来，主持制定者是贾充。这是自晋铸刑鼎以来法律史上迈开的又一大步。

贾充是平阳襄陵人，今襄汾县人。他处于朝代更替的历史时期，是一位颇有争议的人物。但有一点没有争议，那就是他主持制定了晋朝的刑律。这项工作是在司马昭时期就着手进行的，到司马炎当了皇帝后的第三年才完成。晋武帝司马炎亲自审阅定稿，成文后命尚书郎裴楷在朝上宣读，他则兴奋地亲自讲解，然后颁布施行。

这部晋律完成于泰始年间，历史上又称为《泰始律》。全部刑律共20篇，篇目分别是：刑名、法例、盗律、贼律、诈伪、请赇、告劾、系讯、断狱、捕律、杂律、户律、擅兴、毁亡、卫宫、水火、厩律、关市、违制、诸侯律，共计620条，27657个字。晋律体例完整，内容实用，行文严谨，提高了当时法律的品位。

和晋律同时颁行的还有《晋令》40篇，这是对于晋律的补充完善。有些错误构不成犯罪，无法按法律惩处，但是已经违令了，可以按《晋令》条文给予处分。这可以说是最早的行政规章，将违章和犯罪明显区别开来。

随着律、令的施行，贾充又主持编纂了30卷的《故事》。这部《故事》可不是我们今天所说的故事，而是前朝古代百官行事和受处分的惯例，也被称为习惯法，等于是一部当时普法教育的好教材。为此，贾充受到晋武帝封赏，赐予子弟一人为关内侯，还奖给绢帛500匹。

执法守法皆楷模

在《三国演义》里，曹操是乱世奸雄。其实，在历史上曹操是一位具有远见卓识的政治家，仅从他执法守法就可略知一二。

20岁那年,曹操当上了洛阳北部尉,这是个管理治安的官职。那时社会治安混乱,尤其是一些官宦子弟,任意横行,人民苦不敢言。曹操上任伊始,即命工匠做了几根五色大棒,悬挂在衙门左右。同时下令,谁要违犯法令,就用大棒责打。

命令颁布不几日,部下巡视时带回来一个暴徒。此人深夜持刀,四处乱闯。曹操亲自审问,他还无理狡辩。原来他是蹇硕的叔父,蹇硕是禁卫军头领,怪不得他这么放肆。曹操不管他是什么贵族,下令执法,用五色棒打死了这个蛮横之徒。消息传开去,王公贵族都知道曹操执法如山,不敢再横行霸道,社会治安迅速好转。

曹操不仅执法如山,而且能垂范守法,割发代首就是发生在他身上的故事。那一年,曹操率兵征战,麦苗长势喜人。为了保护庄稼,他下令不得踩踏青苗,否则,军法惩治。

将领们知道曹操说到做到,路过麦田都牵着马小心经过。谁知就在这时,从田中飞起一群小鸟,惊动了曹操的马,踩倒了不少麦子。曹操当即对主簿官说:

"请按法令治罪!"

主簿官实在为难,心想曹操是一军之主,杀了他,谁带领大家征战?

曹操见主簿官犹豫,就主动自罚,用刀割了一束头发。将士见了,大为惊讶。要知道,那时候,认为身体发肤为父母所赐,毁损了就是大逆不孝。因此,割发被称为髡刑,是一种不轻的惩罚。

曹操以身作则,带头守法,感动了部下。他的部队军容整肃,令行禁止,战斗力很强。

隋文帝严惩皇子

隋文帝是隋朝的开国皇帝。

当上皇帝后,他反观陈后主亡国的教训,认为腐化会造成堕落,会丧失意志,会贻误国事。因此,他非常注重节俭,一旦发现奢侈行为即要严肃查办。

命令颁发后,举国上下都认真执行,只有一个人仍然我行我素。谁?皇子杨俊。杨俊被封为秦王,他以为当王就要有个王的样子,应该有个像样的宫殿。早把父王的命令当作了耳边风。于是下令建造了一座华丽的宫室。

宫室建成了,杨俊住了进去,过起了像模像样的日子。可惜好景不长,消息传到了父皇那里。

隋文帝知道了,就要依法查办皇子。

大臣们为杨俊求情,说秦王别无大错,就是建宫殿多花了点钱。

隋文帝说,如果不惩办皇子,那以后的法令谁还执行?他没有听大臣的劝告,马上撤了杨俊的职,还把他禁闭起来思过。

隋文帝带头守法,严格执法,保证了法令的执行和社会的稳定安宁。

人民的好卫士

2004年4月14日傍晚,河南省登封市公安局局长任长霞在执行公务途中发生车祸，经抢救无效，不幸殉职。一时间登封市倾城悲哭，14万群众洒泪为女局长送行。

一位女局长殉职为什么能引起这么多群众的悲痛？

4年前，任长霞初到登封时，民警队伍涣散，案件堆积如山，群众怨声不断。为迅速改变面貌，她深入调查，跑遍了17个乡镇及派出所，很快找到了问题的关键。接着她整顿队伍，"从严治警"，清除害群之马，辞退了15名违纪人员，增强了干警队伍的战斗力！

干警队伍有了活力，即向积案、大案发动冲击。在任长霞的带领下，绑架案破了，盗枪案破了，杀人案破了……一个个罪犯相继落入法网，社会治安明显好转，群众说她是女神警。

任长霞这么严格执法，完全出于她的爱民之心。一个小煤窑塌方了，任长霞前去处理事故，发现一个10岁的小姑娘跪在棺材前哭泣。原来女孩名叫刘春雨，妈妈患病早去世了，爸爸又在矿难中丧生了，她成了孤儿。任长霞落泪了，她收养了刘春雨，供养她生活、支持她上学。又一次，任长霞去崔乞挞村办案，这是个穷困的小山村。那天正下雨，教室里积水过寸，学生们的双脚泡在水中读书。任长霞看不下去了，回城后立即筹集了一笔钱送给村里翻修教室。由此，任长霞想到了更多的孩子，她在系统内开展了"百名民警救助百名贫困学生"的活动，使126名贫困生得到了救助。

任长霞一心为了人民，人民也就把任长霞看成自己的亲人，难怪她不幸殉职会有那么多人前来哀悼送行。

普普通通的守法人

本文写的这些人确实太普通了,有的人连名字也没记下,但是,他们遵纪守法,用自己的行为写下了光辉的篇章。

吴明光先生是苏州的个体户,他摆个小摊,摊上有烟有酒,可吸引了不少人。这些人中有买烟的,那是因为他的烟货真价实,没有假货。另一些人却是来卖烟的。他们的烟看上去和烟草公司的烟没有差别,价钱却很低。这对于一般摊主来说很有诱惑力,进了这烟可以多赚钱,得暴利。然而,每个推销这种烟的人,都在吴明光这里碰了钉子。因为,他严守国家关于烟草专卖的法规。

吴明光不进渠道不明的香烟为人称道,而农民江国忠则因为保护巨蟒受人赞扬。江国忠是永定县园村人。这一天,他走进自家的柿子园去干活,猛抬头看见一条巨蟒正盘卧在一棵树下。巨蟒安闲自在,一点儿也没有要走的意思。后面帮工的人马上要来了,要是伤了人如何是好?他连忙叫来一位帮手,将巨蟒诱进了竹笼。收工时怕别人扰害,就把巨蟒抬回家里。这巨蟒真不小,一量:3.2米长;一称:29公斤重。

江国忠捕到巨蟒的消息传开了,上门来的人很多。有的是来看稀奇,有的是来问价格,还有人不惜重金要买,但江国忠都拒绝了。他和县林业局联系好,将巨蟒交给他们,由他们将巨蟒放归深山。因为,他头脑中装着野生动物保护法。

下面这位可敬的先生我连名字也不知道,我是从高邮市南营小学翟阳洋的作文中得知他的。那一天，他骑着摩托车带着侄女翟阳洋去看电影，眼看时间不早了，骑得飞快。突然，摩托车停下了，路口是红灯，正是夜晚，四下无人无车，过就过去了。然而，这位叔叔没有闯红灯，他耐心等绿灯亮起才继续前行。翟阳洋小朋友将他写进作文，称他是守法叔叔。他的做法虽然平凡，却为不少人树立了榜样。

……

这样的普通人太多了，我无法更多记录。但是，我敬重他们，正是他们遵纪守法的行为，让社会井然有序，和谐发展。他们就如天上的群星，放射着灿烂的光芒。

温故知新，严守法令，遵循纪律，这应该是你我他的共识。

有了这共识，人人守法，人人律己，社会才会井井有条。大家才能拥有和谐环境，才能共享幸福生活。

反之，人人想要自由，人人都不想接受法纪，那社会就会混乱无序。一个无序的社会，哪里还有平安和谐的生活环境？

要想过美好日子，就应该从遵纪守法做起。用这样的共识，去书写安宁祥和的新天地。

可敬的普通会计

他确实是一位普通的会计，没有干过企业的厂长、经理，没有当过行政领导，但是，我仍然十分敬重他。因为，他是一位依法纳税的财务人员。

他叫李洋。23年前在一家木器厂担任会计。会计当然应听从厂长的指使。遗憾的是，这位厂长却指使李洋偷税漏税。李洋恪守责任，不愿让国家蒙受损失，悄悄将这情况反映给税收部门。

税务部门很快派人前来木器厂查账，厂长态度很好，表示绝没有偷税的行为。查账也很顺利，账面都做得很规范，没有任何不法迹象。就在税务干部准备撒手而去时，他们看到了一张纸条，凭着这张纸条找到了隐藏的另一本账，而这本账上的漏税数字一目了然，累计多达30万元。

这张纸条就是李洋提供的。

李洋提供线索，保证国家利益不受损失，理应受到尊重。然而，却受到单位的歧视，以至待不下去，只能离职而去。

20年来，李洋不断更换工作单位，每到一地，他精到的财会能力大受欢迎，他认真纳税的做法却屡屡碰壁。在不少单位他被另眼相待，不得不时常改换工作环境。

在社会主义市场经济时代，纳税是一个公民应尽的义务，尽管李洋到处碰壁，我仍然愿将他视为一尊丰碑。

价值准则编

"爱国、敬业、诚信、友善",是公民基本的道德规范,是从个人行为层面对社会主义核心价值观基本理念的凝练。它覆盖社会道德生活的各个领域,是公民必须恪守的基本道德准则,也是评价公民道德行为选择的基本价值标准。

爱国,体现着个人对祖国的依赖,体现着个人对祖国的情感,也是个人与祖国关系的行为准则。个人的生命与祖国的命运息息相关,每个人都应以振兴中华为己任,促进民族团结,维护祖国统一,自觉报效祖国。敬业,是公民的职业行为准则。每个人都应忠于职守,克己奉公,服务人民,服务社会,践行社会主义职业精神。诚信,就是诚实守信,是中华民族千年传承的道德传统,也是社会主义道德建设的重点内容,它强调诚实劳动,信守承诺,诚恳待人。友善,是要人与人之间互相尊重、互相关心、互相帮助,和睦友好,努力形成社会主义的新型人际关系。

爱国篇

在人类生活的这个星球上,有着众多的国家。

在众多的国家中,中华人民共和国是历史最为悠久的国家。

掀开一部世界史,历史悠久漫长的不只是我们中国,曾经有四大文明古国。可惜,随着历史的进程,那些国家的历史中断了,文明中断了。因而,回首世界文明史,我们每个炎黄子孙都感到无比自豪和骄傲。

我们的历史能够延续,我们的文明能够光大,原因是多方面的。但是,不可否认一个重要的原因就是我们有着爱国主义的光荣传统。

爱国主义精神凝聚着我们的民族一路走来,走到了今天。

爱国主义精神鼓舞着我们的民族同心协力,奔向光辉灿烂的明天。

话说祖国

我们常说热爱祖国。

祖国,多么神圣,多么令人自豪的称号。

是的,祖国就是先祖开创的国家,标志着我们中国有着五千年悠久的文明历史。

我们祖国的雏形初现在尧舜禹时期,可是文明的积淀比之更早。远的不说，我们常以炎黄子孙相称，也就是说，在炎帝、黄帝那个时候，农业耕种就很进步了。不过，那时候还没有国家，只是部落和部落联盟。到帝尧时期，他定都平阳，钦定历法，推广水井，使农耕文明大大推进了一步。在都城平阳形成了一块富庶的土地，出现了国家的形态。相邻的部落和部落联盟也效仿平阳以国家自居，形成了大大小小上万个地方国家，史书称此时是"万国林立"。平阳正好居于万国林立的国中之国，因而简称中国。

最早的中国就这样叫开了。

"中国"一词最早出现的典籍是《史记》。书中这样写道："（舜）之中国践天子位"，也就是说，舜到中国去继承天子的帝位。当然，那时的中国还不是国家的称号，只是地理方位的标识，不过古老的中国就这样开启了。

我们接着前面的话题，后来帝尧把帝位让给了舜，舜把帝位让给了禹，禹把帝位传给了他的儿子启，也就是夏启。夏代的时候，国家的形态已很丰满了。我们的祖国就这样在文明演进中茁壮成长。

历史悠久，文化灿烂，伟大的祖国在人类文明进程中做出过很大贡献。大家熟悉的四大发明就是例证。随着古代丝绸之路的开辟，我国的文明向世界传播开去，当然，我们也广泛汲取世界各民族的先进文明，一直到唐朝中国还是世界上最发达的国家。到宋代我们的文化艺术是一个辉煌时期，同时对外交流也很普遍，我国的瓷器不断运送到国外，不少国家的皇室以拥有宋瓷为荣。对了，英语里中国的单词是：china。China，直译为瓷器，因宋瓷为中国特产，就将这名词冠之中国了。

不必多说了，我们可以从各种图书资料中看到，我们的祖国是一个值得自豪和骄傲的国家。我们应该为自己是一个中国人而感到无上光荣。当今世界科学技术成为人类发展的根本动力，我们更应该为祖国的繁荣强盛努力做出贡献！让我们刻苦学习，奋发图强，为振兴中华贡献自己的才智！

弦高救国

这是一个很小的人物，他既不是将相，也不是诸侯，更不是帝王。但是，历史留下了他的名字，他叫弦高。

他所以能够名垂青史，是因为他的爱国之举。

弦高是春秋时期郑国的一位商人。春秋时期，诸侯国家林立，互相讨伐征战，都想多占一些地盘，扩大自己的国土。周襄王二十四年（前628年）的夏天，郑国发生了变故，原来的国君文公去世了，穆公刚刚继位。秦国知道了，认为这是个消灭郑国的好机会，派出大将孟明视带兵前去偷袭。

若不是中途遇到弦高，郑国说不定真要灭亡了呢！

孟明视率领大军昼夜兼程，悄悄向郑国挺进，不多时就到了滑地，即今河南偃师的东南边。这时候，弦高恰好也到了这里。他来干什么？是经商的，他赶了12头牛，还带了一些货物去洛阳贩卖，自然是为了多赚点钱。不过，弦高却不是那种除了钱什么也看不到眼中的商人。他一眼看到了秦国的大军，就有些纳闷，他们要干什么？莫非是要偷袭自己的国家？想到这里，他的心一惊，马上决定把这消息报告给国君。可是，秦军行进很快，自己赶回去已来不及了。

突然，弦高生出个点子，他赶着12头牛，挑出4张上好的皮革，镇定自若地来到秦军营地,以郑国使者的名义将这些礼物献给大将孟明视。他说:"我们国君听说你们远道出师,特派我前来犒赏。"

这边入营犒赏秦军,那边已派人火速回国报告军情。

孟明视见到前来劳军的弦高,心里犯了嘀咕,原以为这次出兵行踪机密,无人知道,偷偷前去打郑国个措手不及,怎么会走漏风声呢?这么前去,郑国有了准备,人家以逸待劳,自己远道奔波,十分疲劳,岂不是要打个大败仗?思来想去,还是不去为好。于是,放弃偷袭郑国的计划,改道而去。

就这么,郑国得救了。

郑国得救,全靠弦高。弦高虽然是个小小的商贩,却有一颗金子般的爱国之心。危急关头挺身而出,用自己的智勇挽救了祖国,因而被载入史书,流芳百世。

戚继光抗击倭寇

我们的祖国是一个多民族的国家。在长期的民族征战、融合中形成了辽阔的疆域,我们喜欢说"地大物博。人口众多"。在民族征战、融合过程中,涌现了不少爱国志士,众所周知的屈原、岳飞、文天祥……不胜枚举。今天,我们谈爱国,主要从抵御外辱说起,让我们把目光投向明朝。

明朝嘉靖年间,东南沿海屡遭倭寇侵扰。倭寇烧杀抢掠,无恶不作,4年中就杀死浙江吏民数十万人。在这危急关头,戚继光被调任浙江都司佥书,主要任务就是防护沿海地区。戚继光一到任,就严格练兵,奋勇杀敌。首次出战，他便身先士卒，登上一块高高的石头，张弓搭箭，射死了3个倭寇小头目。敌军乱成一团，慌忙撤退，我军乘胜追杀，打了个大胜仗。

倭寇不甘失败，调集数百艘战舰和近20000兵卒重新扑来。大敌当前，戚继光临危不惧，虽然身边只有1500人，仍然沉着应战。宁海城初次交战，打得敌人寸步难前。之后，双方在台州府摆开战场，准备决战。倭寇却虚晃一枪，悄悄撤军，去偷袭处州，也就是今浙江丽水。倭寇自以为聪明，哪里料到戚继光早有提防，设下了埋伏。贼兵顺利前进，全部钻进了包围圈中。突然，号炮一响，杀声遍野，抗倭将士居高临下，勇猛冲杀而来。

倭寇仗着人多，稳住阵脚，准备反击。戚继光率先冲入敌队，指挥将士布成鸳鸯阵，以12人为一组，攻防结合，长击短拼。贼兵哪里见过这么英勇的队伍，阵营大乱，全线崩溃，非死即伤，只剩小股残兵爬上小山头负隅顽抗。戚继光分兵围定，喊话攻心。见势不妙，大部分倭寇放下武器，缴械投降。少数贼兵，不堪一击，全被射杀毙命。这一仗全部歼灭了来犯之敌。

从此，戚家军威震海疆，东南沿海渐趋太平。

戚继光是一位爱国将领，他的英勇事迹永远激励着我们。爱国就是在祖国需要的时候挺身而出，勇敢杀敌。当然，这不仅要有果敢的勇气，还要有高超的本领。这样才能招之即来，战之能胜。

郑成功收复台湾

台湾自古以来就是中国不可分割的领土。但是，在明朝天启四年（1624年）竟被荷兰殖民主义者占领了。他们在岛上修建城堡，敲诈勒索，引发了台湾人民的一次次反抗。由于敌强我弱，始终没能赶走这伙强盗。

直到清朝顺治十八年（1661年），郑成功才收复了台湾。

这年4月21日夜晚，郑成功率军起锚，从金门料罗湾向台湾进兵。船行大海，狂风大作，海浪滔天，行进困难。不少将士都有些犹豫，等候郑成功下令返航。关键时刻，郑成功沉着冷静，一点也没有退缩的意思。

时过三更，风歇云散，天开星现，将士们大受鼓舞，扬帆鼓桨，飞一般直逼台湾，从禾寮港登陆。

活该荷兰鬼子失败，郑成功的舰队到身边了，他们还在梦中。他们没有料到在这个风雨之夜会有大军冒死前来。鬼子失算了。

郑成功正好开进了荷兰鬼子的军事薄弱区。荷兰头目揆一非常诡诈，早就在滨海筑起了赤嵌、热兰遮两座城池。两城间的海岸线建造了7座炮台，一座座虎视大海，再强的战船也难以逾越。两城相比，赤嵌城更为坚固，他便亲自镇守热兰遮城。从地理位置看，进入赤嵌城必须经过大港或者鹿耳门。大港炮台密集，难以通过。鹿耳门水浅石多，贸然行船会触礁沉没。他们自以为布防坚固，可以高枕无忧。

郑成功熟识兵法，了解敌情，而且，懂得天文气象。趁风雨夜进兵奇袭，是料定海水会涨，因而顺利开进了敌人以为无法开进的鹿耳门。他们分兵两路，一路正面进攻，一路背后偷袭。荷兰鬼子遭到打击，才大梦初醒，仓皇应战，哪里抵挡得住猛烈地进攻？战不多时，扔下枪支，纷纷逃命。郑成功大军很快攻进荷兰总督把持的赤嵌城，一举收复了台湾。

台湾又回到了祖国的怀抱。

不幸的是，后来台湾又被日本鬼子侵占。抗日战争胜利后，虽然收回了台湾主权，但是，蒋介石从大陆战败后又撤退到台湾。解决台湾问题，实现祖国完全统一，仍然是我们每个中华儿女的愿望。我们应该为祖国统一大业尽自己的全部力量。

虎门销烟

林则徐虎门销烟，是中国人民反抗侵略者的伟大壮举。

19世纪初，以英国为首的西方列强，不顾中国政府的反对，肆意往中国倾销鸦片。到30年代，每年输入鸦片4万多箱，掠走1000万两白银不说，还毒害了200万中国人。

清道光十八年（1838年），时任湖广总督的林则徐上奏皇帝，请求戒烟。12月底得到允准，并任命林则徐为钦差大臣，节制广东水师，赴广东查禁鸦片。

林则徐到达广州，立即与两广总督邓廷桢合作，下令查封所有烟馆，传讯鸦片商人，斥责他们勾结洋人走私鸦片的违法活动。命令外商报明所存鸦片数量，限3日内上缴；并且保证今后永不夹带鸦片，违者货物充公，就地正法。林则徐在布告中坚决表示，假如鸦片一日不除绝，本大臣一日不回,誓于此事相始终,决不中途停止。

在中国横行惯了的英国鬼子,根本没把禁令放在眼中。公然推举英国政府代表、驻中国商务监督查理·义律亲自出面,恫吓林则徐,抵制禁烟。同时,指使商船携鸦片逃走。林则徐当即下令,将所有货船全部封仓,暂停贸易。还撤走洋馆里的中国人,切断洋馆与货船的交通,很快拦截住22艘不法船只,逮捕了鸦片贩子的首恶颠地,迫使义律交出船上所有鸦片。共缴鸦片2万余箱,合计118万公斤。

6月3日,虎门海面狂涛怒起,海滩肃然威严。随着林则徐一声令下,人们将鸦片倒入预先挖好的池中,再抛下石灰,顿时鸦片翻腾,冒出烟雾,白色的烟气弥漫了大半个天空。虎门人民沸腾了,锣鼓喧天,欢呼雀跃。

林则徐无愧于爱国志士,虎门销烟的壮观场面被镌刻在了人民英雄纪念碑上,人民永远铭记着这抗击外辱的伟大壮举。

镇南抗敌

读过林则徐虎门销烟的故事,你一定会想起三元里民众抗英、邓世昌甲午海战,一连串熟悉的爱国抗敌的故事。现在讲个在广西国门抗击法国侵略者的故事。

光绪十年(1884年)5月,法国殖民主义者入侵越南,又将越南作为侵略中国的跳板。第二年,便侵占了镇南关(今友谊关),并在关前立柱宣称:广西门户已不复存在。

法国侵略者的嚣张气焰,激怒了中华儿女。年近七旬的老将冯子才,已告老还乡，听说法国鬼子如此猖狂，抚摸佩刀，仰天长叹，企盼重上战场，洒血杀敌。冯子才忧心国事的消息传到朝廷，皇帝重又起用了他，命他奔赴南疆，保卫国门。

冯子才来到广西，直奔镇南关附近观察地形。这里山高岭峻，地势险要，他认为易守难攻，立即布防战场，抢修了一条长达近2公里的石墙，横贯两岭，气吞山河。

法国侵略者闻知守军到来，立即前来窜犯，用"开花炮"连续猛轰，声震山谷，弹流如雨。不到半个时辰，石墙边堆起了一寸厚的弹壳。面对强大攻势，冯子才毫不畏惧，沉着指挥，法军炮歇，即发动冲击。他挥舞长剑，大声疾呼：杀退强敌，保卫疆土！

将士们英勇冲杀，法军丢掉同伙的尸体狼狈逃命。

趁着战斗的间隙，冯子才和将士们立即修复了石墙。法军再犯，又被拒之墙外，只好炮轰。面对炮火，我军坚守不出，待法军发动攻击时，全部挺身而出英勇拼杀。壮烈的厮杀惊动了越南义勇军，他们也赶来助阵，双方夹击，法军腹背受敌，渐渐不支。而我军越战越勇，将士们挥动戈矛，冲出石墙，迅速攻击。法国鬼子吓得心惊肉跳，连忙退逃。我军和越南义勇军乘胜追杀，敌军尸体遍野，千人毙命，余寇仓皇逃窜，缩进谅山，不敢再冒犯。

祖国的南大门——镇南关在冯子才率领的爱国将士的守卫下又恢复了平静。

科学强国的先行者

先提一个问题：我们今天数学上的名词——点、线、面、三角形以及四边形等名称是谁最早确定下来的？

说到这里，我们不得不记住一个名字——徐光启。

徐光启是我国十六、十七世纪杰出的自然科学家。上面提到的数学名称就是他从欧几里得的《几何原本》翻译而来的，当然，他能作出这么精当的认知，一直沿用至今，不光因为他读懂了西学，而且由于他了解中国文化，做到了恰如其分的定位。可以说，他是一位富有成就的翻译家。

不过，徐光启留给国人的成就不只在翻译方面，大家熟悉的《农政全书》就出自于他的笔下。

谈几何的点线面角和有关耕种的农政书籍是两个领域的知识，而徐光启却将其综合在他一人身上，真让人不可思议。然而，徐光启却用这反差极大的不可思议成就了事业。他中举进入宫廷后，正好意大利人利玛窦来到了中国。他便向这位洋人学习天文、历法、数学、测量、水利，以及枪炮研制多方面的知识。当然，他更多阅读到的是祖国的典籍文章。他根据长期积累的资料素材，写成了50万字的专著《农政全书》。该书共有60卷，分为农本、田制、水利、农器、农时、开垦、栽培、蚕桑、牧养等多种方面，简直是一部当时的农业百科全书。

徐光启另一大的贡献是在历法上。皇帝重又起用他后，他主要从事历法的研究观测，不顾七旬高龄，经常在观象台上观测日出日落。根据探知的新东西，他修正了前人的历法，编纂了《崇祯历书》，将我国的历法研究推向了一个新阶段。

站在当代回望徐光启，可以说他是一位科学强国的先行者。

梅兰芳留须罢演

抗日战争期间，著名京剧演员梅兰芳先生离开北平，避居香港，坚决不为日本鬼子演戏。没料到，1941年12月，日本鬼子竟攻占了香港。梅兰芳先生打定主意，不为鬼子演出，因此，留起了胡须。

占领香港的日本军官酒井隆是个中国通，尤其爱看中国戏。他费了好大力气，打听到了梅兰芳的住处，立即派车将他接到了司令部。

一见这位著名演员，酒井隆就热情地说："八年前我在天津看过你演的《贵妃醉酒》，贵妃醉没醉，我是醉了。"

说着，又请梅兰芳为他演出。梅兰芳不动声色，只用手指了指自己的嘴巴。

酒井隆这才注意到梅兰芳留了胡须，十分惊讶地问："呀！你怎么留胡须了？你这样的艺术大师怎么能退出舞台？"

梅兰芳早有准备，随口答道："我是演旦角的，如今年纪大了，身体胖了，扮相不美了，嗓子也哑了，已经失去了演出的基本条件。再说，我从8岁学戏，至今已过去40多年，也该休息了。"

酒井隆碰了个软钉子。又一想，戏看不成，他还是名人，和他一起照张相，发表在报上，不是可以宣扬皇军的"友诚"吗？

春节时，他举办宴会，邀请香港各界头面人物出席，也请了梅兰芳，试图和他在席上合影。这个图谋早被梅兰芳看穿了，他在宴席上环顾四周，多方应酬，酒井隆根本没有和他合影的机会。

事后谈起，梅兰芳说："我怎能用中国的民族艺术去讨得侵略者的欢心？"

梅兰芳的爱国气节，深受香港人士的敬佩和赞扬。至今，人们仍铭记着他的凛然正气。

少年忧国

那时候，他在家乡东山学校读书。

一天下午上完课，他和同学们去自修室。看到一位同学拿着一本书，便随手要过翻翻。哪知，一翻撂不下了。这是一本《世界英雄豪杰传》，即请求同学借给他看看。同学答应了。

过了几天，他给同学还书时不好意思地说："我把书弄脏了。"

那位同学翻开书一看，这本书从前到后都被他画上了黑黑的圈或点。画得最多的是写华盛顿、林肯、拿破仑、彼得大帝的那些篇目。

他对那位同学说："我们中国也要有这样的人物，不然，我们就摆脱不了贫穷衰弱。"

那位同学不解地看看他。他又说："顾炎武先生说得好，天下兴亡，匹夫有责。"

后来，帝国主义势力到处扩张，军阀混战，人民受难，他便常思考着中国向何处去？他来到长沙，经常和朋友们去岳麓山。山上有一幅对联，最能表达他的心情：

四面青山来眼底

　　万家忧乐到心头

　　说到这儿，你一定知道，他就是毛泽东。1949年，他向世人宣布：中国人民站起来了！为了这个理想他不辞艰辛，努力奋斗。而这颗理想的种子早在少年时代就在他心中生根了，为了祖国的繁荣富强而进取！我们伟大的祖国经过改革开放，在经济建设和社会发展上已取得举世瞩目的成就，人民的生活也有了明显的改善。但是，我们同世界发达国家相比，还有不小的差距。我们要有决心和勇气尽快赶上去，成为世界发展的领跑者。

李四光为国找油

　　20世纪50年代，我国的石油非常紧缺。那时候，新中国刚刚诞生，国外敌对势力给我国戴上了一顶贫油帽子。

　　这顶贫油帽子是怎样摘掉的呢？

　　说到此事，我们必须记住一个不朽的名字：李四光。

　　李四光早年曾在日本留学，学习造船。后来再次留学，前往英国伯明翰大学研习地质。从此，他与地质科学结下了不解之缘。留学回来，他满腔热情地投入中国地质的勘测、研究中，尤其在第四季冰川的探究上颇下功夫。经过数十年的艰苦努力，他对我国的地质地貌了如指掌。

　　1949年，新中国成立时，李四光正在国外进行学术研究。当时，国际形势繁杂多变，有人劝他留在国外。但是，李四光毅然作出了回归的决定。为了躲避境外势力的干扰，他先由英国前往法国，继而又取道瑞士，再从瑞士赶到意大利，辗转周折，乘船回到了自己的祖国。

那时候，祖国的发展建设因为贫油受到了限制。李四光根据自己多年对我国地质地貌的探测、研究，肯定地说："我们会找到石油的。"

根据李四光的见解，国家确定了石油勘测的重点地带。李四光时任地质部部长，他身先士卒，带着工程技术人员，奔赴松辽平原和华北平原。他们冒严寒，战酷暑，不畏困苦，一心扑在找油上。终于为祖国找到了一系列大油田。当松辽平原上的石油喷涌而出的时候，正值中华人民共和国成立十周年庆典，于是，便有了"大庆"这个闻名中外的名字。之后，又相继找到了胜利、大港等油田，我国一举甩掉了贫油帽子。中国人民可以扬眉吐气地面对世界说："不，我们不贫油！"

李四光不仅为祖国找到了石油，还为核工业和"两弹一星"的研制做出了贡献。20世纪60年代，邢台发生地震，他又投入了很大精力探求、研究地震发生的规律，为地震预测和预报工作指明了研究方向。李四光将毕生献给了祖国，永远受到人民的爱戴。

心灵感悟：

翻阅史册，禁不住激情昂扬。为了祖国富强，无数志士仁人前赴后继，赴汤蹈火。从苏武牧羊，到朱自清不领救济粮；从岳飞抗金，到甘洒热血的二小放牛郎……中华儿女为祖国不惜个人的一切。

由此悟得，爱国不能只停留在口头上，要落实在行动上。即使我们不会有惊天动地的大举，也应贡献自己的才智。哪怕做好一件小事，也算是为祖国振兴付出了自己的努力。

每一个人都行动起来，成为建设发展的动力，民族的复兴，祖国的富强就指日可待。

敬业篇

三百六十行，行行出状元。每一个状元都是敬业成就的。

敬业，就是把从事的工作认认真真做好。做好没有止境，按要求完成任务是一种好。完成的质量最高，是一种好；完成的不仅质量高，而且速度快，是一种好。好，是层递上升的，是没有止境的。一个人做到最好的标准不是别人给制订的，而是经过努力把自己的水平发挥到极致。

这就将敬业和从业区分开了。

从业，是被动地干，机械地干，照章办事，今日重复昨天。

敬业，是主动地干，创造地干，探究办事，今日提升昨日。

日复一日，做工、办事的过程，就锻炼了自己，提升了自己。

神农氏尝百草

先祖神农氏是位最具敬业精神的楷模。

神农氏是传说中的炎帝。我们常说的炎黄子孙，也就是说炎帝和黄帝的后人。炎帝所以被称为神农氏，是因为他是中国农耕文明的创始人。

在炎帝那个时候，群居狩猎的人们常常吃不饱，炎帝作为部落里的头领，不免常为大伙填饱肚子发愁。他的眼光离开了动物，瞄准了遍地生长的植物，要是这些东西能吃该多好呀！

炎帝到处游走，采集品尝各种草木的根、茎、叶、花和果实，辨别它们的滋味，试探哪些能吃，哪些不能吃。这是件很危险的事，时常吃了有毒的植物，弄得手肿，腿肿，连脸也肿了。严重时甚至昏迷过去。但是，终归发现了很多能吃的植物，他好不兴奋，早把个人安危忘了个干净。

有人说，炎帝亲口品尝了四五十万种草木，分出了可以吃的稻、麦、菽、黍、稷几种，统称五谷。还识别出不少可以吃的野菜，可以治病的草药，同时还认识了72种有毒的草木。神农不光发现能食用的五谷，还制作了耒、耜，指导大伙春种秋收，以粮代肉，填饱肚子。这样，我们的先祖在他的引领下进入了农耕时代。

这个传说故事，也充满了敬业精神。倘若不是先祖舍身忘我，冒着风险，尝百草，识五谷，恐怕人类文明的进程要慢得多。因而，要推进社会进步，千万不要忘记敬业精神。

大禹治水传佳话

讲敬业不能不说大禹治水。

帝尧在平阳建都时，天下曾经洪水泛滥，到处一片汪洋，据说现在的浮山县就是唯一浮在水面的山头。后来，大禹治理了水患，百流归川，百姓才又安居乐业。

大禹治水前，是他的父亲鲧治水。鲧封堵了9年，水不但没小，反而越堵越大。大禹就是在洪水肆虐的危难关头领命的。接到命令时，他新婚刚刚第4天，什么也没有说，告别妻子立即出发。

大禹先到水患最严重的地方考察，跋山涉水，风餐露宿，了解到洪水泛滥的原因是流水不畅，因而，决定疏导治水。治水的大事忙得他食不甘味，寝难成眠，13年没有顾上回家。最让人感动的是，他竟三过家门而不入。

第一次路过家门时，离家快一年了，那是个早晨，大禹走到门前，听到屋里传来了婴儿的啼哭。他知道自己的儿子出生了，高兴极了。正要进门，却听见洪水奔流的吼叫，连忙带领随从朝前方赶去。第二次是又过了5年，那是个中午，他看见了家门口的妻子，想上前说几句话，前方的治水工程正紧，他只挥了挥手，便大步奔向工地。第三次是10年后了，那是傍晚，他在路旁看见个小孩，路人说那是他的儿子。他抱了抱儿子，说："治水已有成效，现在工程正紧，等全部完工，我就回家看你！"说完，又奔向前方。

大禹就是靠敬业精神驯服了洪水，使大地恢复平静，人们重又安居乐业。可以说，大禹是中华民族敬业的典范。

能工巧匠鲁班

在中国历史上，鲁班是首屈一指的能工巧匠。

鲁班，大约生于周敬王十三年（前507年），处于春秋末期到战国初期。他出生于世代工匠的家庭，从小就跟随父亲做工，学会了使用各种生产工具。年龄稍大些，他对手中使用的工具不满意了，总觉效率太低，就思谋改进。

鲁班是个有心人，一次爬山，手指被一棵小草划破了。为什么别的小草划不破手，这棵小草就能划破？他摘下小草仔细察看。这一看发现了奥妙，这草叶和别的草叶不同，两边排列着一个个小齿。他突然明白了，这些小齿一用力划过，就能划破手指。那么，是不是可以借助这种小齿制成工具呢？几经试验，他仿照草叶上的小齿制成了伐木的大锯。

　　大锯的制作成功，鼓励了鲁班，他的创制一发不可收拾。他看到小鸟在天空飞翔，就用竹木削成飞鹞，借助风力在空中试飞。开始飞得时间较短，经过反复研究，不断改进，竟能在空中飞行很长时间。攀着树枝能登高，他就模仿树枝制作了梯子。接着又发明了曲尺、墨斗、刨子、凿子等工具。现今木工使用的曲尺，也是他动脑筋制成的，人们称为鲁班尺。

　　这些工具的发明，使工匠们从原始、繁重的劳动中解放出来，成倍提高了功效。鲁班为什么会有这么多发明？还是敬业精神主导着他。他不仅仅埋头做工，而且喜欢思考，不断谋算提高效率的办法，不断改进工艺。他靠敬业精神推进了木工事业的发展。

祖冲之创制新历法

　　祖冲之，字文远，河北涞水人。他生活在南朝时期的宋、齐两代，从青年时代起就对天文学和数学发生了浓厚的兴趣。依靠高度的敬业精神和精心探究钻研，终于创制出了新历法，即《大明历》。

　　《大明历》最大的贡献有两点，一是承认了每年的岁差，这是他从长期观测中验证的，而且，用推算出的数字给予证实。岁差证实后，怎么很好解决呢？这就有了第二点奉献——修改闰法。闰法本来前人早就总结出来了，可是由于受认识的局限，差别较大，祖冲之采用了391年加144个闰的新方法，比原来的闰法要精确多了。

祖冲之在科学上的发现是多方面的，我们大家熟悉的圆周率就是他发现的。他计算出圆周率的数值在3.1415926至3.1415927之间，准确到了小数点后面的第7位。这项研究成果在世界上领先了上千年，直到15世纪，阿拉伯国家才超过了他的研究水平。

在球体计算上，祖冲之也有新的发现，他提出了"等高处截面积相等，则二立体体积相等"的法则。过了1000年，意大利卡瓦列利才重新发现。这说明，在那个时代我们国家的科技发展是走在世界前列的。

这些发现就够惊人了，但祖冲之却没有为之陶醉，他还发明了当时实用的许多设施，比如水碓磨、指南车、千里船，还有一些陆上运输工具。

祖冲之不愧为一位世界级的大发明家！

读书实践写医著

在我国的医学宝库中，有一部跨时代的伟大著作，这就是明代医学家李时珍编著的《本草纲目》。

李时珍为了这部医学巨著耗费了27年的心血。

明正德十三年（1518年），李时珍出生于湖北省蕲州。这是一个医药世家，幼年的他就受到了家庭影响，爱上了医学。考取秀才后，他没能再科考中举，于是就随父行医。李时珍喜欢读书，行医之余读完了《内经》《难经》等经典医学书籍。他将书本知识用于实践，医术长进很快，成为当时的名医,曾经走进皇宫当御医。御医的日子很轻闲,却隔断了他同更多患者的联系,影响了他对医学的钻研。于是,他毅然辞去御医的职位,回归民间。

他一面行医,一面上山采药,实地观测植物的苗、叶、根、茎、花、果,以及形态气味,探究其医疗功效,每有新的发现便记载下来。同时,他不拘泥于典籍中的医术,每到一处都广泛搜集民间的单方。经过多年积累,他有了丰富的医学素材,便动手写作《本草纲目》,几易其稿,终于完成了这部190万字的巨著。

《本草纲目》全书52卷,共分16部,60类,载有药物1892种,附有民间方剂11096个,图1100幅。书中打破前人的分类方法,形成了新的门类:首标正名叫纲,各类注释为目;接着是集解、辨疑、正误、出产、修治、气味、主治、发明、附录、附方等。纲目分明,十分便于阅读、查找和应用。

著作成文,不久李时珍就离开了人世。但是,他的敬业精神连同这部巨著,永远存留于人间。

献身建筑史

《中国建筑史》的作者是梁思成。梁思成早年赴美国留学,学习西方建筑史。这期间,他遍游欧洲,考察了不少国家的古代建筑。看外国,想祖国,他知道中华民族的祖先也创造了灿烂的建筑文化,但迄今为止没有一部全面记载这方面的书,为此他决心要撰写一部中国建筑史。

艰难的工作开始了。梁思成认为，百闻不如一见，首先进行实地考察。他将北京故宫作为实地调查测绘的开端，手持清廷公布的《工部工程作法则例》和实物一一对照，同时向老工匠虚心请教，详细辨识明清建筑的不同形制和结构。而后，他和夫人林徽因走出北京，遍访古建筑。

来到山西五台山时，已是黄昏，他们不顾疲劳，疾步走进寺庙，跨进殿堂，攀上楼阁，仔细观看建筑风格。天色很快暗下来了，难以看清细部，但从大结构上看，这是唐代古建筑。他们惊喜不已，住在寺庙，待第二日天色微明便着手测量。

在山西，他们自北而南，来到临汾。登上鼓楼，看到了西南角大云寺的高塔。塔的形状立即引起了他们的注意，这是他们走南闯北见到的独一无二的高塔。此塔建在佛寺，却有道教的风格。他们赶到塔下，仔细观赏，拍照测绘。于是，在后来的书中便有了这座高塔的图样和评价。梁思成先后跑遍了15个省，200多个县，考察了2000多座古代建筑实物，收集到丰富的资料。

接着，梁思成披阅资料，伏案走笔，从上古时期的尧堂高三尺到清代古建筑，洋洋数十万言，历经数年，才完稿封笔。1945年，当中国人民欢迎抗日战争胜利时，梁思成也为祖国献上了一部划时代的文献：《中国建筑史》。

齐白石作画

不仅梁思成献身建筑史可歌可泣，中外历史上凡有成就的人物，没有一位不是具备敬业精神，专心研习的。现在让我们走近大画家齐白石。

齐白石老先生活了93岁，画龄70余年，他的名言是：

"不教一日闲过。"

有人给他作过一次统计，自他27岁起至寿终前无法握笔，只有10多天没有作画。这10多天分为两次，一次是他63岁时得了一场大病，"人事不知七昼夜"，当然不能作画；另一次是他64岁时母亲病逝，他悲痛忧伤，难以自持，中断数日。除此以外，没有空度过一日。偶尔事紧，无隙抓笔，过后便会补作。

齐白石85岁那年，有一天，他画兴盎然，一连画了3幅，仍然兴致不减。已到午饭时间，他继续挥毫涂染又成一幅。而后在画面题写：

"昨日大风雨，心绪不宁，不曾作画，今朝制此补充之，不教一日闲过也。"

"不教一日闲过"，正是齐白石敬业精神的写照，也是他成为一代国画大师的根本原因。也许，一般人会认为是齐白石有绘画天赋，但是，如果光有先天的聪慧，没有后天的努力，恐怕也不会有这么大的成就。让我们永远记住齐白石珍惜时间，精益求精的学风。

走出懒惰的误区

和勤奋相反的是懒惰，别看人人都说懒惰不好，可不少人陷在懒惰的怀抱不愿离开。

说个寓言故事吧！

两匹马各拉一辆大车。一匹马勤奋出力，走得快，跑得稳。一匹马懒惰奸猾，走得慢，摇晃多。主人喜欢勤快的马，往那辆车上装的货物多。勤快的马拉得多了，懒惰的马拉得就少了。懒惰的马轻松多了，十分高兴，于是，仍然走得比牛还慢。这一来，主人干脆不用它了，货物全让勤快的马运载。懒惰的马歇在槽头好不痛快。

故事要到这里结尾，懒惰的马就幸运了。哪料，主人觉得懒惰的马要吃要喝，闲着无用，就宰了它吃肉。

懒马因懒惰而丧失了性命。

这个寓言故事警示我们，千万不要懒惰。如果说这是个寓言故事，有编造的嫌疑，那么我们再讲件真实的事情。

小冯是位速记员。速记员是给秘书打下手的。不料，这位秘书很懒，常把事情推给小冯去做。小冯很老实，也很勤恳，秘书交待的事情都认真去做。

有一次，老板要去国外，需要带常用电话号码。懒秘书又将此事甩给小冯了。小冯很快整好了电话号码，一连数页纸，翻查起来很不方便，于是灵机一动，装订了个小本本。

电话本送给老板，老板一看就知道秘书不会这么干，他叫来小冯，问："你为啥做成小本？"

小冯说："我想这样携带方便。"

老板笑笑没有说什么，过了几天，小冯成了秘书，过了几年，小冯成了老板的助理。

小冯节节上升，无疑得益于敬业。不过，小冯这敬业也不容易，还需要有容忍人的肚量。假设秘书耍懒，小冯不愿意干秘书的活儿，怎么你轻松让我受劳苦呢？那可能小冯还是速记员，甚而，连速记员的差事也会弄丢了。因此，要敬业，还要容忍他人，这样才可能走出懒惰的人生误区。

脱鞋与成功

　　脱鞋与成功是件风马牛不相及的事。可是，脱鞋却让一个人走上成功之路。

　　20世纪50年代，原苏联造出了"东方"号宇宙飞船，要选拔一位宇航员遨游太空。经过严格训练的宇航员有20多位，他们都精明能干，到底选择谁担当这光荣而神圣的使命呢？主设计师罗廖夫举棋难定。

　　离飞行日期很近了，这日，主设计师请宇航员熟悉飞船。20多名意气风发的青年人都来了，他们一一登船，仔细观测，临下去时，仍恋恋不舍。当最后一名宇航员下去后，人选立马确定了。罗廖夫认为唯有他最爱护宇宙飞船，爱岗方能敬业，他是最佳人选。选定他的原因很简单，因为他登机前脱下了鞋子，他是唯一只穿袜子走进机舱的宇航员。

　　这位宇航员是加加林。加加林就是因为脱鞋这么一件小事赢得首飞权的。他乘坐宇宙飞船在太空遨游了108分钟，成为世界上第一位进入太空的宇航员。

　　脱鞋，对于每个人来说是微不足道的小事。但这件小事却体现了一名宇航员的整体素质。他具有高度的敬业精神，有了这样的精神，才会将事情做得精益求精，这样才会达到别人难以企及的高度。

从接线员做起

任小萍曾任北京外交学院副院长。在校务活动中,她出现在主席台时,全场响起热烈掌声,同学们向她喝彩致意。因为她用敬业精神赢得了人生一次又一次的成功。

的确,她的起点很低。

任小萍走进北京外国语学院时是一名工农兵学员。工农兵学员是不经过考试而被推荐选拔入校的。同一批学员中她年龄最大、成绩最差,头一次上课,就因为回答不出问题被罚站。第二天,教室里挂出了一条横幅"不让一个阶级兄弟掉队"。而她,就是那个掉队的阶级兄弟。她是怎么苦学赶队的不必说了,我们只要记住毕业时她是全年级最好的学生,就可以想象她付出了多么大的努力。

还算不错,大学毕业后,任小萍被分配到了英国驻华大使馆,但是,工作是一名小小接线员。接线员在众人看来是最没有出息的工作,她却干得很出色。她将使馆所有人员、电话、工作范围以及家属名字都倒背如流,许多电话打进来,不知该找谁办的事,她都可以准确接通。她办事干脆利落,很少有失误,大家都乐意托她通知、转告事宜,无形中她成了没有任命的秘书。

据说,有一次深受感动的大使竟然跑到接线室,笑着表扬她。机遇光临了,没过多久,她被调往英国某大报记者处当翻译,自然,这是破格使用。

新的工作面临新的难题。她服务的对象是位资深的女记者,获过战地勋章，被授过勋爵。本事大，脾气也大，前任翻译就是被她赶跑的。任小萍初到，她不屑一顾，这么个资历，让她很失望，也很轻视她。可是，一投入工作，资深女记者不敢下眼看她了。任小萍的工作认真负责，细致入微，获得一致赞誉。不久，她调到了美国驻华联络处工作，又一次被破格任用了。

……就这样，任小萍一步一个脚印，把全部心血浇灌在自己的岗位上；就这么她从最低点出发，一路攀升，去博取人生的制高点！

任小萍的经历给我们的启发是：爱岗敬业，不要鄙薄被人轻视的工作，不要懈怠被人轻视的小事，只要尽心尽力，就会获得成功。

敬业为民的榜样

牛玉儒住进医院的时候，谁都说他是累病的。

他担任着呼和浩特市委书记。为了改变城市面貌，他搞规划、抓建设，日夜操劳；为了引进项目发展经济，他四处奔走，招商引资，4天中曾跑了5个城市，南下成都，东到珠海，又西抵银川……

他在任493天，呼市的面貌已经发生了根本变化。我们不必注目他辛劳的场景了，就看看他住院之后的几个场景吧！

住院化疗期间，牛玉儒仍然惦记着热气腾腾的建设工程，他三番五次向医生求情，争取到了3次回呼市的机会。

第一次，牛玉儒专门检查了城建工程，他乘一辆中巴，走遍了东河、呼伦路、电影宫周边、五塔寺广场、通道北街、新华广场等工地……

第二次，他考察了金山、金川两个开发区，还参加了一家台资企业的奠基仪式……

第三次，他主持全委会议，并做工作报告。当台上响起热烈掌声时，妻子谢莉却暗暗流下了泪水。只有她清楚，牛玉儒是怎样走上主席台的。他瘦了，原来2尺9寸的腰围仅剩下2尺3寸，哪一件衣服也架不起来。妻子无奈地叹息，牛玉儒却说，里面多套几件衬衣吧。结果，套了8件衬衣，才穿上外套，牛玉儒就这么走进了会场。一到会场，牛玉儒立即精神抖擞，他回顾过去，展望未来，把大家的情绪带进了美好的明天，决心为美好的明天努力奋斗。掌声一阵接一阵，牛玉儒满意地走下了主席台。

不久，牛玉儒病情恶化了，他遗憾地离开了人间，不能再和大家一起去描绘美好的未来了。

警察贺冰舍己救人

年仅39岁的贺冰是翼城县的一名交警，在一次执勤中为保护学生不幸以身殉职。贺冰奋不顾身、舍己救人的英勇事迹发生报道后，中共中央政治局委员、国务院副总理刘延东，国务委员、公安部部长郭声琨，中共山西省委书记王儒林等领导分别做出了重要批示，号召大家向他学习。

2015年1月15日，贺冰与战友在翼城星杰中学十字路口执勤。中午正是学生周末回家的时刻，来接孩子的家长聚集在学校门口，人头攒动。突然，从北边坡势较陡的公路上驶来一辆失控的重型货车，猛然向人群冲去，一连撞翻多辆停在路边的车。贺冰和几名执勤的交警，一边高喊学生快跑，一边全力往路边推人。突发的事故惊呆了一名小学生，他站立不动，眼看货车就要撞来，情况十分危急，贺冰奋力向前一把将学生推开，而自己却被货车撞飞10多米远。送往医院的路上，他停止了呼吸。在生与死的危急关头，贺冰把生的希望留给别人，把死的危险留给自己，用生命谱写了人间大爱，谱写了爱岗敬业的一曲颂歌。

贺冰爱岗敬业的高尚品德，是在长期工作学习中养成的。自2000年参加工作以来，他踏实工作，任劳任怨。长期的道路执勤，栉风沐雨，导致他患上了股骨头坏死症。即使这样，他也从未耽误过工作。贺冰先后多次被评为"交通秩序管理工作先进个人"、"比武标兵"。在单位他是一名好警察，在家中他是一个好儿子。父亲2009年患冠心病，病情严重时不能走路，贺冰背着父亲去检查。父亲大便干燥，他用手帮父亲往外抠。父亲去世后，他怕母亲孤单，把她接到身边，只要有空闲，就陪母亲聊天、唠家常。对待岳父母也是一样，岳母逢人就说："贺冰就是我们的亲儿子!"最近中共临汾市委作出了向贺冰学习的决定，指出：在这生活的点滴中无不彰显着他个人品格的魅力，闪耀着人性的光辉。

正是这些工作生活中的小事，培养和锻炼了贺冰，关键时刻他才会挺身而出，舍己救人。

上面的故事,有古人敬业的,也有今人敬业的。无论是古人还是今人,只要敬业,在平凡岗位也能做出不凡的业绩。

有的人喜欢做大事,尤其是青少年朋友,恨不得立即能做出惊天动地的大事。因而,对于普通小事不屑一顾。其结果是,大事没有机遇,小事也没做成。

看看鲁班,木匠不算好工种吧?木工活不算是大事吧?可是,鲁班却把它做成了大事,做到在历史上留下名字。从小事出发,未必不是做大事的开始。

千里之行,始于足下。

只要敬业,就会将平凡做成伟大。

诚信篇

人一辈子要走两条路。

一条是脚下的路，一条是人生的路。

脚下的路，如今越来越好，高速、高铁也飞奔而来。

人生却没有现成的高速路、高铁道。路况如何，全靠自己。

自己用什么建造人生的道路？诚信。

有诚信，道路会越走越宽，乃至四通八达。

无诚信，道路会越走越窄，以致身陷囹圄。

诚信，是人生的金钥匙。若是缺乏这把金钥匙，时时处处面对的将是铁锁子。

桐叶封弟

诚信是我国传统道德的重要方面。说具体点，诚信是诚实、诚恳、信用、信任，也就是忠诚老实，诚恳待人，以信用取信于人，以信任对待他人。要领会诚信的价值，我们还是去故事中感悟，不妨先走进历史。

桐叶封弟的事距今3000多年了。

那日，在西周都城镐京的御花园里，一位头戴王冠、身穿帝服的男童，正和另一位穿公子服的男童玩耍，这两位男童是刚继位的周成王姬诵和他的弟弟姬虞。他们是兄弟，又是君臣。御花园里桐树成林，绿叶交荫，鸟鸣枝头，风景如画。一阵春风响过，桐叶飒飒，引起皇兄注意，他纵身一跳，摘下一片蒲扇大的树叶。

然后，姬诵坐在树下，将树叶剪成玉圭的样子赐给姬虞，逗着弟弟说："我封你去做唐侯。"

玉圭是天子和诸侯才能佩戴的珍贵玉饰，也是权利的象征。姬诵说此话时，一旁的史官记录了下来，递给辅政的周公姬旦。

过了几天，周公对成王说："选个吉日良辰，举行册封唐侯的典礼吧！"

周成王听了不解地问："册封谁呢？"

周公答："唐叔虞呀！"

周成王说："那是我和叔虞玩呢，不必当真。"

史官闻言，跪着奏道："天子无戏言，言则史书之，礼成之，乐歌之，应举行盛典册封他。"

周成王认为周公和史官言之有理，便选择吉日册封叔虞为唐侯。

唐侯的封地就是上古时尧都故地。叔虞的后代将此地改号为晋，始有晋国。因而，历史上也有说桐叶封晋的。

这个古老的历史故事，记载了天子无戏言的史事。说的是帝王应言而有信，决不食言。这个史事是否真实，不必考究，但是，能够从古代流传至今，说明诚实守信确实是中华民族恪守的美德，而且为人之君的帝王必须率先垂范，做出表率。这个历史故事告诉大家，在很早的时候，诚信就是中华民族的行为准则。

魏文侯打猎

桐叶封弟的周成王当时幼小,是辅佐他的周公和史官监督他严守了诚信。那么,古代王侯有没有诚恳待人,取信于民的?

《战国策》中记载,魏文侯约好一些猎手一起打猎。到了那日,下起了雨,天气有些凉,魏文侯和部下喝酒驱寒,几杯酒下肚,浑身生热,他想起了打猎的事情,就请人收拾器具,准备出发。

部下劝他说:"天下着雨,我们喝得这么高兴,您别去了吧!"

魏文侯说:"酒喝得确实快活,可是,我和别人约好的事情,怎么可以失约不去?"

魏文侯冒着雨去打猎了。

这一件小事反映了魏文侯诚实守信的可贵品质。这件事传开,不仅满朝上下信任魏文侯,各国也都乐意同魏国交往。从此,魏国日渐昌盛。诚信对人生、对国家确实极为重要。

明山宾卖牛指病

南北朝时有个人叫明山宾。他当上州官后,碰到了个灾年,庄稼绝收,老百姓快要饿死了。怎能见死不救呢?他连忙开仓放粮,救济众生。这件事激怒了朝廷,将他治罪,没收了他的田园房舍。

明山宾过上了普通民众的日子,也不弄虚作假,巧取牟利,日子过得很穷,穷到不得不卖掉自家的耕牛。

逢集这日,他将牛牵到了集市。集市上熙来攘往,人非常多,买牛的人却很少。总算还有人买牛,晌午过后来了个人,商定后付了钱牵着牛走了。

明山宾从集上往回走。走了一程,忽然停住脚步,转身又向集上跑去。在人群中挤来挤去,终于找见了那个买牛的人。那人见他急急忙忙返回来,以为他卖贱了,要反悔,一口咬定钱已付清,不能再变价。

明山宾对他说:"我不是多要钱,是忽然想起来一件事,必须告诉你。这牛得过病,虽然治好了,可是保不准以后还会犯。"

买牛的人一听不干了,说他买贵了,要明山宾退些钱。明山宾同意了,二人重新议价,议好后明山宾退了些钱给他。

一旁的人看得一清二楚,有人说明山宾不会做生意,买主不知道牛得过病,何必多此一举。但更多的人赞扬说他是个诚实人,守信用。因而,他的故事流传开去,一直传颂到今天。

甄彬得金不贪

甄彬是南北朝时期的人。那时候,他家里很穷。到了青黄不接的春天,连下锅的米也没有了。所幸家里还有一捆苎麻,原来打算织成布做衣服,现在只好先当点银子糊口。他将苎麻扛到长沙寺的当铺去当。

秋天到了,家里收了粮食,甄彬凑够银两去当铺赎回了那捆苎麻。他把苎麻扛回来,但没有想到他还扛回了意外的惊喜。打开苎麻捆,内中多了个布包,包里竟是黄灿灿的金子。

全家正喜滋滋观赏,甄彬却将其动手裹好,拿着布包又来到了当铺。当铺的掌柜看到金子,才想起来,那是别人抵押换钱的,没有来得及安放,随手塞进苎麻捆中了。事情一忙,竟将这事给忘了。

甄彬得金不昧,送回当铺,令掌柜的大为感动。他执意要将金子分一半给甄彬。甄彬说什么也不要,他告诉掌柜的,君子爱财,取之有道。不义之财,我一点也不能取。

甄彬心地善良,诚实待人,后来被举荐到朝中为官。

真诚的晏殊

晏殊智力超群,7岁时便出口成章,14岁时受到大臣张知白的赏识,推荐给皇帝。皇帝召见他,题诗联句,对答如流。正好皇帝要考试千余名进士,就让他同时参试。晏殊临试不慌,冷静发挥,卷子答得又快又好。皇帝夸他是神童,赏他等同进士的称号。

第二天,全体复试,晏殊继续答题。拿到考卷一看,题目是《诗赋论》。他马上对主考官说:

"这个题目我十天前做过,请另行出题。"

皇帝闻知,赞扬他既聪明又真诚,破格任用他为"翰林"。

过了没多长时间,朝中大小官员去京城外踏青郊游。玩了一会儿,举行宴会,把盏痛饮。只有晏殊没有去,在家中和兄弟们一起读书写文章。

这件事皇帝也知道了,在为太子选老师时,他直接点名由晏殊担任。

晏殊拜见皇帝谢恩,皇帝说:"你闭门读书,不参加宴会,是个忠厚勤俭的人,由你教太子最合适。"

晏殊回答说:"我不是不喜欢游乐,不愿意参加宴会,是我家里贫穷,破费不起。"

皇帝听了,非但没有另眼看他,反而认为他表里如一,实话实说,对他更为信任。之后,让他当了宰相,主持朝政。

摘枣留钱传美誉

古代有个非常诚实的人,名叫查道。

有一天,父亲让他和仆人去亲戚家送礼。礼品除了用品,还有吃食,整整挑了一担。但没有想到路那么远,清晨上路,日已过午,还没有走到亲戚家。此时,查道和仆人都已饥饿疲惫了。仆人说:"干脆咱吃点礼品吧!"

查道不同意,他说:"送给人的礼品就不是自己的,没经过人家允许是不能随便吃的。"

仆人听他说得有理,只是确实饿得厉害,无法迈步。查道见路边有棵枣树,正好枣子红了,就摘了些压饥。两人就吃了些枣子,便不再饥饿了。这时,查道解下钱囊,取出一串挂在了树上。仆人好奇地说:"没人看见我们摘枣,何必呢!"

查道认真地说:"吃了人家的枣子,给钱是天经地义的。信用是做人的根本,我们不应该因为没人看见,就降低自己的人格!"

挂好钱，主仆继续赶路。此事被仆人传扬开去，查道成为诚实守信的榜样。

十字路口的选择

这是一次越野长跑，战士和干部一起出发，但是路线不同。

现在我们将目光锁定一位小战士。长跑是他的弱项，每次他总被大队人马甩在后头。

这次也未能幸免，没多时，大队人马早跑得看不见了，只有小战士一个人孤零零地跑着。

转过一个弯，小战士跑到了十字路口。路口有两个标牌，一个是军官的路线，一个是士兵的路线，往哪儿跑呢？

小战士有些犹豫。历来都是军官受照顾，干活儿比战士轻省，跑步比战士短捷。现在，前后左右都没人，要走捷径，就应该往军官路线上跑！

不过，他很快打消了这种想法，跑向了士兵的路线。

小战士做好了思想准备，一步一步向前跨去，要用意志丈量完漫长的距离。出乎意料的是，转过两个山头，眼前一亮，营房就在前头不远了。他大步跑去，竟然取得了第9名的好成绩。这个成绩不算好，可对于小战士来说却是史无前例的，先前他连前50名也没有进过。

小战士好奇地问主持赛跑的军官，军官笑着说："没错，你是第9名！"

过了好久，大队人马才跑回来，一个个筋疲力尽，狼狈不堪。看到小战士正悠闲地喝着茶水，都大惑不解。不过，很快都想通了，原来在十字路口欺骗的不是别人,而是自己。

几天后,小战士得到了提升。

小战士用诚实收获了信任,收获了提升。

突如其来的幸运

大学毕业了,小周找不到合适的工作。听说一家大企业招聘人员,小周忐忑不安地报了名。之所以不安,是因为这家企业名声大,选才严,自己又没有熟人疏通关系。

怀着试一试的心情,小周前来面试。一进门,主考官就从沙发上站起,朝他走来,迟疑地问:"你是?你是?……"不容他回答,面露惊喜,紧紧握住了他的手,连声说:"是你,就是你!我找你好长时间了。"

然后,转身对其他评委说:"你们不知道,他就是救了我女儿的大恩人!"

小周连插话的空儿也没有,被弄得一头雾水。

说着,主考官拉他坐在沙发上,连连感谢:"我的划船技术太差了,竟把女儿掉在昆明湖中,若不是你及时救起,太危险了!你真是我家的大恩人,可我当时只顾女儿,连向你道谢也没顾上!太感谢你了!"

这真是天降幸运,小周有恩于主考,评委当然会给予照顾,看来小周的机遇降临了。不料,小周听完了主考一连串的感谢,竟红着脸说:"很抱歉,你认错人了,我没有救过你女儿。"

主考仍然坚持说:"我不会记错,那天是4月2日,天还有些冷……"

小周摇摇头说:"那天,我没有去昆明湖。"

这时候,评委们拍起手来,主考官又一次握住小周的手说:"年轻人,你很诚实,你的面试通过了。"

小周上班了,成了这家企业的员工。过些日子,他想起那天面试的情形,问别人,救主考女儿的人找到了吗?回答竟是,他就没有女儿。

原来,这是一道考题,不考智力,专考是否诚实可靠。因为我们这个时代太需要诚实守信的人。

张腾宇替父还贷款

2014年的一天,20岁左右的姑娘张腾宇来到了安泽县农业银行营业大厅,偿还了5万元的贷款。

这笔钱是父亲15年前借贷的,那时张腾宇还是个年仅7岁的孩子,全家靠父亲一人养活,日子过得很是艰难。艰难的日子就这么过也罢,偏又遇到父亲的工作单位铜套厂破产,柴米油盐要花钱,孩子上学要花钱,钱从何来?为了改变家庭的贫困状况,父亲想让企业起死回生,一来改变家境,二来也让下岗的同事有条出路。他主动承包了铜套车间,经营铜套生产和销售的生意。资金不够,便向县农行贷款。

事业起步还算顺利,万没想到铜套车间竟然被盗,损失惨重,父亲的美好愿望顿时化作泡影。为了给工人发工资,他变卖掉所有家当。遭到这场意想不到的打击,父亲突发脑血栓倒下了,神志不清,瘫痪在床。救治无效，不久去世了。张腾宇靠着亲朋好友帮助，靠自己勤工俭学，完成了学业，走上了工作岗位。

农行的工作人员曾去过张腾宇家中，一看贷款人已经去世，家境非常贫寒，哪有偿还贷款的能力？时间过去了这么多年，农行不再有讨还贷款的希望，可张腾宇得知后一直把这事放在心上。诚实守信，是中国人的传统美德，倘若是这笔贷款不还，父亲在天国也无法安息。因而，张腾宇省吃俭用，积攒够5万元来到农行偿还了贷款。一位90后姑娘如此诚实守信，很快被传为佳话。

心灵感悟：

哪里有诚信，哪里就有阳光。

哪里有诚信，哪里就有春风。

谁讲诚信，谁就拥有成长的阳光。

谁讲诚信，谁就拥有成功的希望。

诚信，是一个人四通八达的道路，是一个人展翅飞翔的翅膀。拥有诚信，就拥有了前进的通途，就拥有了驰骋的天地。

友善篇

孔子说，仁者爱人。

爱，如何体现？体现在友善。

友，是友爱；善，是善良。

一个友善的人，会乐于助人。会把别人的困难看作自己的困难，会把解除别人的困难当作最大的快乐。

一个人友善，就会朋友多了路好走。

一个社会友善，就会处处充满温暖。

永远的朋友

这一对永远的朋友是管仲和鲍叔牙。

管仲和鲍叔牙比较，管仲的名气要大得多。可是，若没有鲍叔牙的关照，根本无法成就管仲。

起初，两人一起经商，得利时分配，总是管仲多得，因为他家境贫困。管仲帮鲍叔牙策划事情，事情办砸了，鲍叔牙没有埋怨朋友，认为是时机没有成熟。后来，管仲有了做官的机会，但是，三次被君主赶走了，不少人以为是他品行不端，惟有鲍叔牙为之辩解，是他没有遇上明君。

后来，两人都发迹了。管仲做了齐国公子纠的老师，鲍叔牙做了齐国公子小白的老师。两位公子都在国外，他们各保其主。过了不久，齐襄公去世，两位公子争着回国继位。途中相遇，管仲趁二位说话之机向公子小白射了一箭，小白应声栽倒在车中。管仲和公子纠以为小白不死也伤得不轻，从容回国。哪料应声而倒的小白根本没受伤，待他们走后，匆忙驾车回到京都。管仲和公子纠赶到时，小白已当上国君，成了历史上的齐桓公。公子纠被迫自杀，管仲也成了阶下囚。此时，鲍叔牙则当上了齐国的宰相。

当上宰相的鲍叔牙仍然没忘自己的朋友，极力向齐桓公推荐管仲，说他当宰相最有能力。齐桓公同意了，管仲出狱当上了宰相，鲍叔牙却退后一步给他当助手。二人齐心协力辅助齐桓公，使之成就了霸业，成为春秋五霸中最为有名的霸主。

将相和的故事

这个故事中的将是廉颇，相是蔺相如。

蔺相如由于出使秦国，完璧归赵，有胆有识，大受重用，由一位普通使臣成为宰相。

这却激怒了大将廉颇。廉颇是一位身经百战的老将，屡建功勋，受人尊敬。当他得知蔺相如当上宰相，心中很是不满，蔺相如资历很浅，怎么很快就能职位高过他呢？廉颇对人说，若是碰上蔺相如，非给他个难看不可！

蔺相如闻知，没有大事便居家不出，避免和廉颇相遇。

世界上的事往往十分凑巧，蔺相如很长时间不出门，这日一出去，远远就看见廉颇骑着高头大马威风凛凛过来了。蔺相如命令车夫匆忙调头，拐进一条小胡同里溜走了。

蔺相如不以为然，但舍人们不高兴了，纷纷找到他诉说心中的激愤，甚至觉得太丢脸，要求辞别而去。蔺相如问他们：

"廉将军和秦王哪个厉害？"

舍人答："当然是秦王厉害。"

蔺相如告诫他们："既然秦王厉害，我不怕秦王，为什么会怕廉将军？现在秦国不敢侵扰我们，是因为外有廉将军御敌，内有我主政。如果我俩争斗起来，秦军岂不乘虚而入？"

一席话说得舍人们心悦诚服。

消息不胫而走，传到了廉颇耳朵里。老将军深为蔺相如的大义感动，也为自己的鲁莽感到羞愧。于是背负荆杖来蔺相如府上认罪，这就有了负荆请罪的成语。从此，将相和好，同心治理国家。强大的秦国知道了，哪里敢轻举妄动呢！

他们用友善维护了祖国的尊严和安全。

油灯下的关爱

友善是大家受用的好事。可是，要做到也是不容易的。《战国策》记载了这么一则故事。

有一群姑娘相约每晚在江边的屋子里做针线活。

这是件最合算的事了。试想，一个人在家做活儿也要点一盏灯。大家在一起有一盏灯就行了，省油。何况做活时说说笑笑，蛮有乐趣。

有一件事，大家心里都不美气。灯下钻进了一位穷姑娘，她出不起灯油，只能借光。

姑娘们忍不住了，一商量，决定赶她走。

穷姑娘走到门口时，回头对她们说："我因为出不起油钱，总是先来一步打扫房间，这对你们不是有好处吗？我在这里，油灯也不会少照你们，对你们无害，为啥要赶我走？"

姑娘们听了，觉得有理，就留下了穷姑娘。

姑娘们为啥要赶走穷姑娘，还不是觉得她不出油钱，自己吃了亏？其实，多她一个人自己也并不吃亏，只是私心在作怪。私心影响团结，要团结必须要有善心，尤其要有为他人服务的善良之心。

鲁肃慷慨助周瑜

三国时期，东吴有位名臣鲁肃。说到他的成功，不能不提及他的乐善好施。

不过，鲁肃慷慨捐助时从没有想到要有回报。事情就是这么有趣，他不求回报，反而得到赏识，得到了更大的回报。

鲁肃捐助的是周瑜，那时候，周瑜还没有发迹，只是在袁术手下当个居巢长，顶大也就是个县令。县令当得也不顺当。这一年，天雨成灾，粮食歉收，居巢的百姓没有吃的，剥树皮，挖草根，日子过得极为艰难。军队也同样缺粮，兵无粮自散，如此下去，他这个父母官简直无法当了。

就在这时，周瑜听说了鲁肃。鲁肃是个财主，家中屯有存粮。因此，便登门前来求借。周瑜说明情况，鲁肃深明大义，百姓有难怎能不救，立即同他一起巡视粮仓，见有两库粮食，当即决定捐助一库。

鲁肃这么慷慨大度，着实让周瑜大为感动，要知道此时粮食关系着百姓的生命，关系着军队的存亡，也关系着他这个父母官的成败。从此周瑜就和鲁肃结为好友。

后来周瑜发达了，当上了东吴的将军。他没有忘了那位慷慨大度的好友鲁肃，便把他推荐给孙权。从此，鲁肃也走出家园，步入了政坛，走上了为吴国操劳的路子。

魏万千里追李白

李白我们大家都很熟悉，是唐朝有名的大诗人。说起李白诗歌得以流传，我们还应该记住一个人，他叫魏万。

魏万是个有才学的青年，他喜欢写诗，也非常仰慕大诗人李白。

他仰慕李白，就想见李白，可李白那时候被唐玄宗召进宫中写诗去了，宫深墙高，怎么见得着呢？李白在宫中虽然衣食无虑，日子过得闲逸舒适，但是他看不惯皇帝及大臣奢华糜烂的生活。他不想摧眉折腰事权贵，权贵也就看他不顺眼，时间不长，李白就被赶出了长安。

李白出宫后，需要朋友帮助了。可是，原来结交的不少富家子弟突然变了脸，唯恐避之不及，早躲远了，真是世态炎凉呀！不过，患难识知己，魏万就在此时前来追寻李白。

李白一路走来，遍游名山大川，边走边看，边看边写，写下了很多壮丽诗篇。魏万追寻着李白的足迹一路赶来，赶了三千里才在广陵见到了李白。两人一见如故，十分投机。他们相携同游，成了知心朋友。魏万高兴地说：

"一长复一少，相看如兄弟。"

李白笑着说："相逢乐无限。"

李白见魏万忠实可靠，就将自己的儿子托他照顾，还将他的部分诗稿交魏万保管。魏万不负厚望，后来，他中了进士，不仅照顾李白的儿子，还将他的那部分诗作编了个《李翰林集》，并写了一篇满含激情的序文。至今这篇序文仍在流传，成了他们深厚友谊的见证。

走出严寒的热能

历史上团结友善的故事不胜枚举，蹚过岁月的长河，我们不妨将目光拉回到现实。

有一天，麦克和一位同行攀登喜马拉雅山。山又陡又险，气温越来越低。归途，走到一个山口，他们发现雪地上躺着一个人。这人已经气息奄奄，若不带走，非冻死不可。

麦克停下来，要背走这人。

同伴坚决反对，他说的也有道理：我们现在自身难保，若要再带个累赘，很可能都走不出去，会死在冰天雪地里。

麦克却不愿意丢下这人，见死不救，那还有一点良知吗？两人为此发生了分歧，同伴一甩手走了。麦克弯腰背起昏死的那人艰难行走。

遍地积雪，小路很滑，麦克走得歪歪斜斜，摇摇晃晃，稍有不慎就可能摔倒在地。

走着走着，麦克浑身发热，暖烘烘的。

走着走着，背上的人也暖和了，苏醒了。

背上的重负成了麦克的热力，麦克的热力又暖醒了冻僵的那个人。他跳下来，试试还能走，便和麦克手挽着手向前走去。

走了一程，又走了一程，他们发现路上躺着一个人。麦克弯腰一看，竟是甩手先行的那位伙伴。伸手摸摸他的鼻子，已停止了呼吸，死了！

麦克和被救的人继续前进，活着回来了！

麦克救了那人，那人也救了麦克！

友善团结的精神，给了他们抵御严寒的热力！

友善互助的精神，给了他们生命的活力！

春天般的温暖

1963年3月5日，毛泽东主席亲笔题词："向雷锋同志学习。"从此，雷锋成为全国人民的学习榜样。

雷锋只是解放军的普通一员，仅仅当过班长。他的职位不高，但由于把自己的有限生命投入到了无限的为人民服务之中，因而受到了全国人民的爱戴。

雷锋出生在旧社会，童年时过着艰难困苦的日子。新中国成立后，他过上了幸福生活，决心将自己的一切奉献给祖国，奉献给人民。参军后，他努力学文化，学技术，用钉子般的挤劲和钻劲发奋学习，很快掌握了过硬的本领。更让人敬重的是，在工作之余，他经常为人民做好事。

1960年初夏的一天，是个星期日，连队正好休息。雷锋肚子有点疼，就去看病。当他走到本溪小学工地时，听到广播里讲运砖供不上了。他走进去，推上一辆小车就加入了运砖的行列。他推着小车飞跑，带动了大伙，运砖速度加快了，工程正常进展了。他高兴地一直干了下去，早忘了看病。事后他在日记中风趣地写道："我发现义务劳动可以治肚子疼。"

在抚顺，曾经流行过这样的说法："雷锋出差一千里，好事做了一火车。"雷锋走到哪里，就把好事做到哪里。一次，他在抚顺火车站，碰见一位愁眉苦脸的中年妇女，还带着个小孩。一问，才知道她从山东来，转车去吉林看望丈夫，不小心将车票丢了。雷锋马上买票送她母子上了车。那位妇女激动地问他名字，住在哪里？他却说："我叫解放军，住在中国。"

又一次，是个雨天，雷锋去沈阳，路上看见一位大嫂背着小孩艰难行走。马上将自己的雨伞递给大嫂，然后抱着孩子一同去车站。上车后，他估计大嫂和孩子没有吃饭，就买来饭菜给她们吃。

雷锋每月只有几元钱的津贴，自己省吃俭用，舍不得花，却不断为社会捐款。得知抚顺和平人民公社成立，他捐款100元；辽阳地区遭了水灾，他马上寄去100元……他的钱是有限的，但他对人民的爱心是无限的。

雷锋为人民留下了春天般的温暖。

丰收的玉米

他是一位聪明的农民。他一心想过好日子，想把日子过得比别人更好。他不是个空想主义者，非常务实，听说农科院的专家培育出了玉米优良品种，产量可以大大提高，就远道前去购买。

他悄悄地离村，悄悄地回来，可是还是走漏了风声。左邻右舍前来找他，也想要买优种，他却守口如瓶，谁也不告诉。他要自己有个好收成，卖个好价钱，要是大家都丰收了，粮价就卖不高了。乡邻们失望而去，又种上了原先的种子。

春风一吹，落子下种。几阵春雨，苗露新芽，节节向上，长势喜人。远远看去，优良品种确实高过普通玉米一头，如同鹤立鸡群。此人禁不住满心欢喜，甚至在筹划丰收后盖新房的大计了。

谁料，现实给他的大计浇了一盆冷水。他那玉米穗子不小，棒槌似的，只是上面的颗粒像八旬老翁的牙齿，稀稀拉拉。结果，他的玉米不仅没有比往年多收，反而歉收了。

农民以为自己买了假种子，找到专家质问。专家前来考察，找到了减产的病根：优种面积太小，他的玉米接受的是邻近地里的劣种花粉。

农民醒悟了。

第二年，他不仅自己买了优种，还主动为大家也买来了优种。

他丰收了，大家都丰收了！

他高兴，大家都很高兴！

友善互助，让他和大家都获得了丰收！

一则爱心寓言

友善是团结的基础，爱心是友善的基础。其实，有了爱心就会拥有一切。有个寓言故事就生动地说明了这个道理。

有家院门口来了三位客人，谈笑风生，好不快乐。

主人听到了，就邀他们进屋叙谈。哪知，他们却不动地方。其中的一位说："我们三个，他是财富，他是成功，我是爱心。你只能得到一位，请你选择吧！"

主人喜欢财富，也喜欢成功，但是，选择他们任何一位都得不到爱心。而没有了爱心，即使有了财富，那财富也是不义之财；即使获得成功，那成功也是千秋骂名。于是，他选择了爱心。

他邀请爱心进屋，爱心答应了，随他进去，爱心的后面紧跟着财富和成功。他很惊讶，问："你们不是只能进来一位吗？"

财富说："你如果选择我和成功，是只能进来一位。可是，你选择了爱心，而我俩是追随爱心寸步不离的。"

这样，那位有了爱心的人，同时也得到了财富和成功。

这个寓言故事告诉我们，有了爱心就会乐善好施。乐善好施的人就会得到良好的生活、学习、工作环境。有了良好的环境，才能得到财富，获取成功。拥有一颗爱心是何等重要啊！

心灵感悟：

友善实在太重要了。

社会，是一个人员庞杂的群体。在群体中如何愉快相处？那就要依靠友善。一个友善的人不会伤害别人，一个友善的人还会帮助别人。人人乐于助人，大伙儿就会生活得和谐幸福。

友善，说着容易，做到不易。因为，百人百性，性情不同，就有差异，就有摩擦。如果不能宽容别人，斤斤计较，那友善就会成为一句空话。因而，要达到友善的境界，还需要不断修炼自己，学会包容，学会谦让，学会相处。

友善，有一个基石，那就是孔子所说的："己所不欲，勿施于人。"

友善，有一种动力，那就是爱心。有了爱心，就会时时散发出友善的光辉。